Romancero tradicional
de Costa Rica

Juan de la Cuesta
Hispanic Monographs

Series: *Ediciones críticas* N º 3

Romancero tradicional de Costa Rica

Recolección y edición de
MICHÈLE S. DE CRUZ-SÁENZ

Prefacio de
SAMUEL G. ARMISTEAD

Transcripciones musicales de
CHRISTINA D. BRAIDOTTI

Juan de la Cuesta
Newark, Delaware

MANUFACTURED IN THE UNITED STATES OF AMERICA
The pH of the paper this book is printed on is 7.0 or slightly higher.
ISBN: 0-936388-23-4

Índice General

Nota Preliminar

Quiero expresar mi profunda gratitud al profesor Samuel G. Armistead, de la Universidad de California (Davis), no sólo por la inspiración que me brindó desde la incepción de este proyecto, sino también por su solícita dirección y por sus acertados consejos que siempre me ha ofrecido tan amablemente.

Agradezco de todo corazón a Christina D. Braidotti sus esfuerzos y diligente colaboración en las transcripciones musicales. Los eruditos consejos proporcionados por el musicólogo Israel J. Katz durante la preparación del texto musical han sido de valor inmensurable.

Una generosa subvención proveída por la American Philosophical Society, Philadelphia, Pennsylvania, me permitió ampliar y concluir este proyecto durante las investigaciones del verano de 1979.

Siempre recordaré el apoyo moral y la paciencia de mis suegros, don Gonzalo Cruz-Mena y doña Jenny Sáenz de Cruz, y de mis cuñados, el Dr. Octavio A. Cruz-Sáenz y la Dra. Marjorie de Cruz, quienes fueron indispensables en mi búsqueda de informantes a través de las varias regiones del país. En todo momento, uno, o todos ellos, me transportaron a lugares apartados y me pusieron en contacto con amigos que luego me facilitaron la amistad de solícitos informantes.

Finalmente, quiero hacer resaltar el cariño magnánimo y la amabilidad tan típica de los costarricenses, que en alguna u otra forma, siempre estuvieron dispuestos a facilitarme la recopilación de sus romances.

Wallingford, Pennsylvania, 1985

La tradición antigua del Romancero es inseparable de la moderna. El Romancero, aún después de pasado de moda de los Cancioneros y Silvas impresas, en los cartapacios manuscritos y en el mismo teatro, aunque ya era despreciado por literatos y libreros, continuó viviendo otra vida más oscura. Los romances populares siguieron propagándose por medio de la tradición oral, mucho más eficaz que la impresa, pues la promueve no el interés pecuniario de un editor, atento sólo al escaso público que puede pagar los libros, sino el gusto desinteresado y la afición persistente del pueblo. Para despertar ésta, ofrecía el romance no sólo el halago de la poesía, sino el de la música. La música es una poderosa fuerza vital del Romancero, es como las alas que le llevan a través del tiempo y del espacio, pues al par que ella brota insistente en la memoria, acariciando el oído con su indecible encanto, ayuda a recordar más facilmente los versos por ella animados.

Así el Romancero durante los siglos XV, XVI, y XVII, al mismo tiempo que se difundía en la literatura, divorciado de la música, halló, unido a ella, en la memoria popular un firme arraigo, y trasmitido de generación en generación logró una expansión territorial que parece fabulosa.

Ramón Menéndez Pidal.
El Romancero Español
(Madrid, 1910), pp. 85-86

Prefacio

Una de las características del romancero tradicional que, a lo largo de los años, se ha ido convirtiendo en axiomática es su naturaleza pan-hispánica. En las palabras del gran innovador de la filología española, don Ramón Menéndez Pidal, quien desarrolló la tesis del carácter pan-hispánico del romance:

> La experiencia ha venido a comprobar una convicción que desde mi primer hallazgo he formado, teniendo como principio seguro que el romance tradicional existe donde quiera que se le sepa buscar en los vastos territorios en que se habla español, portugués y catalán; allí donde no se tenga noticia de su existencia, una hábil indagación lo descubrirá indudablemente.[1]

Y, en efecto, exploraciones ulteriores han servido para reafirmar una y otra vez la exactitud de semejante teoría y lo que empezó como hipótesis se ha ido convirtiendo en un hecho incontrovertible: Las lenguas hispánicas y el romancero tradicional constituyen dos fenómenos inseparables y dondequiera que se dé uno de ellos es de todo punto excepcional el que no se encuentre, tarde o temprano, el otro, siempre que se persiga con técnicas eficaces en las encuestas de campo.

A principios de siglo, el mismo Menéndez Pidal, basándose en el ejemplo de las grandes colecciones, ya publicadas, de romances portugueses, brasileños y catalanes,[2] sacó del misterio de un estado latente

---

[1] *El romancero español* (Nueva York: Hispanic Society, 1910), p. 103.

[2] Entre otras: João Baptista de Almeida-Garrett, *Romanceiro*, 3ra ed., 3 tomos, Lisboa: Viúva Bertrand e filhos, 1853; Sylvio Romero, *Cantos populares do Brasil*, 2 tomos, Lisboa: Livraria Internacional, 1883; Manuel Milá y Fontanals, *Romancerillo catalán: Canciones tradicionales*, Barcelona: Alvaro Verdaguer, 1882. Para la historia de la recolección del romancero, es indispensable el espléndido artículo de Antonio Sánchez Romeralo, "El romancero oral ayer y hoy: Breve historia de la recolección moderna (1782-1970)," *El Romancero hoy: Nuevas fronteras*, ed. A. Sánchez Romeralo et al. (Madrid: Cátedra-Seminario Menéndez Pidal, 1979), pp. 17-51; para encuestas recientes: S. G. Armistead, "Recent Field Work on the Hispanic Ballad in Oral Tradition," en las mismas Actas, pp. 53-60; S. G. Armistead et al., "Hispanic Ballad Fieldwork during the Summer of 1980," *La Corónica*, 9:1 (1980), 29-36; S. G. Armistead, "Estudios sobre el romancero en los Estados Unidos," *Arbor*, 116:451-454 (1983), 37-53; íd., "Current Trends in *Romancero* Research," *La Corónica*, 13:1 (1984), 23-36.

el vigoroso y riquísimo romancero tradicional de Castilla,[3] con el descubrimiento sensacional de un romance histórico previamente indocumentado—y paradigmático para la caracterización del romancero latente: *La muerte del príncipe don Juan*.[4] Por los mismos años, Menéndez Pidal también dio a conocer la existencia, en una perspectiva pan-regional, del romancero en América,[5] a la vez que catalogó el riquísimo y arcaizante romancero de los sefardíes de Oriente y del Norte de Africa.[6] En años subsiguientes se han llenado progresivamente los huecos en el mapa romancístico mundial, a medida que nuevos exploradores han ido conquistando nuevas provincias para el imperio romancístico: Cuba, Nuevo México, Puerto Rico, California, Santo Domingo, Nicaragua, Guatemala, Uruguay,[7] y, sobre todo, el

---

[3] Véanse *El romancero español*, pp. 100-103; *Romancero hispánico (Hispano-portugués, americano y sefardí)*, 2 tomos (Madrid: Espasa-Calpe, 1953), II, 291-299. Sobre el concepto del estado latente, véase R. Menéndez Pidal, "Modo de obrar el sustrato lingüístico," *Revista de Filología Española*, 34 (1950), 1-8; íd., "El estado latente en la vida tradicional," *Revista de Occidente*, 1 (1963), 129-152.

[4] Sobre este dramático descubrimiento, véase el artículo de María Goyri de Menéndez Pidal, "Romance de la muerte del príncipe D. Juan (1497)," *Bulletin Hispanique*, 6 (1904), 29-37.

[5] "Los romances tradicionales en América," *Cultura Española*, 1 (1906), 72-111.

[6] "Catálogo del Romancero judío-español," *Cultura Española*, 4 (1906), 1045-1077; 5 (1907), 161-199. Véase ahora S. G. Armistead et al., *El romancero judeo-español en el Archivo Menéndez Pidal*, 3 tomos, Madrid: Cátedra-Seminario Menéndez Pidal, 1977.

[7] Véanse José María Chacón y Calvo, "Romances tradicionales en Cuba," y Carolina Poncet y de Cárdenas, "El romance en Cuba," *Revista de la Facultad de Letras y Ciencias*, 18 (1914), 45-121, 180-260, 278-321; Aurelio M. Espinosa, "Romancero nuevo-mejicano," *Revue Hispanique*, 33 (1915), 446-560; íd., "Romances de Puerto Rico," *Revue Hispanique*, 43 (1918), 309-364; íd., "Los romances tradicionales en California," *Homenaje a Menéndez Pidal*, I (Madrid: Hernando, 1925), 299-313; Edna Garrido [de Boggs], *Versiones dominicanas de romances españoles*, Santo Domingo: Pol Hermanos, 1946; Ernesto Mejía Sánchez, *Romances y corridos nicaragüenses*, Méjico: Imprenta Universitaria, 1946; Carlos Navarrete, "El romance tradicional y el corrido en Guatemala," *Universidad de San Carlos*, 59 (1963), 181-254; Eduardo Faget, "Antiguos romances populares (El romancero y su aculturación en el Uruguay)," *Revista de la Biblioteca Nacional*, 9 (julio 1975), 79-114. Sobre el desarrollo de la recolección romancística en las diversas áreas de Hispanoamérica, véase el libro fundamental de Merle E. Simmons, *A Bibliography of the "Romance" and Related Forms in Spanish America*, Bloomington, Indiana: Indiana University, 1963. Como huecos en el mapa romancístico de Hispanoamérica aún subsisten El Salvador, Honduras, Panamá, Ecuador y Bolivia, de donde a lo más sólo se han publicado exiguos testimonios romanceriles. Lo mismo se podría decir de muchas áreas del bajo Aragón en la Península Ibérica. Ahora bien, el que "se llene un hueco" en el mapa con sustanciosa documentación romancística, no significa ni mucho menos que deben abando-

notable ejemplo de las Islas Canarias, que, hacia 1920, parecían estar
prácticamente desprovistas de una tradición romanceril autóctona y
que hoy, gracias a los notables esfuerzos de Diego Catalán y de Maximiano Trapero, amén de otros investigadores, cuentan ya con un
notable repertorio de romances de los más ricos y arcaizantes.[8] Hoy
incluso—y otra vez según palabras de don Ramón—sabemos que el
romancero subsiste "aun allí donde el idioma español vive en estado
precario."[9] Actualmente, apenas se encuentra un solo rincón del
mundo hispánico, por lejano y aislado que esté, que no nos haya pro-
porcionado algún testimonio romancístico. Contamos ya con textos (o
por lo menos con indicios) procedentes de los islotes lingüísticos más
exóticos y apartados. Hay noticias romancísticas de tan insólita proce-
dencia como de Alguer (en Cerdeña),[10] de Goa (en la India),[11] de Filipi-
nas,[12] de Guam,[13] de la comunidad criollo-portuguesa de Malaca,[14] de

---

narse las investigaciones ulteriores. Cuanto más se coleccione, más
descubrimientos salen a flor de tierra, aun en las áreas previamente encues-
tadas de un modo aparentemente exhaustivo (como muy bien han demos-
trado recientemente las espléndidas encuestas en equipo del Instituto-Se-
minario Menéndez Pidal). Véase Suzanne H. Petersen et al., *Voces nuevas del
romancero castellano-leonés*, 2 tomos, Madrid: Seminario Menéndez Pidal, 1982.

[8] Véanse Diego Catalán et al., *La flor de la marañuela: Romancero general de las
Islas Canarias*, 2 tomos, Madrid: Cátedra-Seminario Menéndez Pidal, 1969;
Maximiano Trapero y Lothar Siemens Hernández, *Romancero de Gran Canaria*,
I: *Zona del Suroeste*, Las Palmas de Gran Canaria: Mancomunidad de Cabildos,
1982.

[9] *Romancero hispánico*, II, 359.

[10] Los números 29E y 223 del *Romancerillo catalán* de Milá y Fontanals—
versiones de *Delgadina* y *Don Blasco* (=*Marquillos*)—proceden de Alguer, según
notas manuscritas del propio Milá. Véase *Obra del Cançoner popular de Cata-
lunya*, I:1 (Barcelona: Fundació Concepció Rabell i Cibils, Vda. Romaguera,
1926), 28.

[11] En el *Romanceiro Geral Portuguez*, 2da ed., 3 tomos (Lisboa: Manuel
Gomes/J. A. Rodrigues, 1906-1909), Theófilo Braga apunta versiones de
Goa de *La doncella guerrera* (I, 144-148) y del *Conde Alarcos* (I, 548-551). En su
espléndida colección de *Portuguese Traditional Ballads from California*, tesis de M.
A. (Universidad de California, Los Angeles, 1968), Joanne B. Purcell publica
A Condessa (=*Buscando novia*) en una versión goense (p. 178).

[12] Véase *Romancero hispánico*, II, 359-360. Trátase de una versión filipina
de *La vuelta del marido* (é).

[13] Véase *Romancero hispánico*, II, 360. Francisco Ramón Espinosa recoge en
Guam un largo romance poliasonantado sobre *Valdovinos y el Marqués de Man-
tua* y otro en *é-a* sobre *Lucinda y Velardo en la corte del Gran Sultán*. Los dos
textos son indudablemente de origen filipino. Véanse "Folklore español de
la Isla de Guam," *Revista de Dialectología y Tradiciones Populares*, 9 (1953), 95-125.

[14] P. António da Silva Rego publica un fragmento del *Conde Alarcos* en
lengua criollo-portuguesa en su monografía sobre el *Dialecto Português de
Malaca: Apontamentos para o seu Estudo* (Lisboa: Agência Geral das Colónias,
1942), pp. 79-80. Nótese también un motivo romancístico que pervive en

diminutos islotes lingüísticos en el estado de Luisiana (Estados Unidos),[15] de sefardíes arraigados en la isla de Gelves (Djerba)[16] e incluso quizá de la población hispano-judía de Fez, arabizada ya en el siglo XVIII,[17] y de las colonias de moriscos expulsados de España y establecidos en Túnez en el siglo XVII.[18] Tampoco faltan indicios de tradiciones romancísticas, previamente ignoradas, recién descubiertas entre poblaciones marginadas dentro de las áreas de dominio hispánico, como, por ejemplo, la distintiva tradición de los gitanos, descubierta hace poco en Andalucía;[19] de una tribu de indios brasileños en plena selva amazónica;[20] de la población bilingüe (español-guaraní) del Para-

---

canciones líricas de los criollos portugueses en Ceilán (Sri Lanka): Kenneth David Jackson, "Ballad Fragments in the Portuguese Folklore of Sri Lanka," *El Romancero hoy: Nuevas Fronteras*, pp. 135-143.

[15] En el pueblecito de Delacroix en la comunidad lingüística *isleña* de la parroquia de San Bernardo, Raymond R. MacCurdy recogió, durante el verano de 1947, una versión de *La vuelta del marido (é)*. Véanse "Un romance tradicional recogido en Luisiana: *Las señas del marido*," *Revista Hispánica Moderna*, 13 (1947), 164-166. Entre 1975 y 1982, he logrado reunir el repertorio romancístico isleño: un total de doce temas narrativos. Véanse S. G. Armistead, "Romances tradicionales entre los hispanohablantes del estado de Luisiana," *Nueva Revista de Filología Hispánica*, 27 (1978), 39-56, y "Más romances de Luisiana," en la misma *Revista*, 32 (1983), 41-54. Un solo fragmento de tres versos de *La vuelta del marido (é)* es todo lo que quedaba en 1976 de la tradición—ya difunta—de otro islote donde ahora apenas se habla el dialecto *bruli*. Véase NRFH, 27 (1978), 55. Aún no he logrado documentar ningún romance en un tercer dialecto de Luisiana, el de los *adaeseños*, recién descubierto en 1982. Sobre el dialecto y sus circunstancias, véase ahora S. G. Armistead y Hiram P. Gregory, "French Loan Words in the Spanish Dialect of Sabine and Natchitoches Parishes," *Louisiana Folklife Newsletter* (en prensa).

[16] Véase Silvestro Fiore, "Les Similitudes littéraires médiévales au carrefour des religions et un texte inédit de l'Espagne séphardique," *Revue Belge de Philologie et d'Histoire*, 47 (1969), 885-905: 897-898. Trátase de un fragmento de *Búcar sobre Valencia*, transcrito en letras hebraicas y descubierto "parmi les chants de la vétuste colonie séphardique établie a Djerba." Desgraciadamente, el llorado profesor Fiore no nos proporciona ningún detalle sobre las circunstancias de recolección de este precioso testimonio, único recogido hasta la fecha entre los judíos tunecinos. En último término, la versión es sin duda de origen marroquí.

[17] Véase S. G. Armistead y Joseph H. Silverman, "El cancionero judeo-español de Marruecos en el siglo XVIII (*Incipits* de los Ben-Çûr)," *Nueva Revista de Filología Hispánica*, 22 (1973), 280-290. Entre otros textos, se documentan los primeros versos de *La mujer engañada*, *La infantina* y *Don Pedro Acedo*.

[18] Véase S. G. Armistead, "¿Existió un romancero de tradición oral entre los moriscos?," *Actas del Coloquio Internacional sobre Literatura Aljamiada y Morisca*, ed. Alvaro Galmés de Fuentes (Madrid: Gredos, 1978), pp. 211-236; íd., "Spanish *Romances* in Tunisia in 1746," *Neophilologus*, 63 (1979), 247-249.

[19] Véase José Blas Vega, *Los corridos o romances andaluces*, Madrid: José Blas Vega, 1982. Trátase de la misma distintiva tradición conocida en 1916 por

guay;[21] o de comunidades de negros en las selvas colombianas del Chocó.[22]

Hasta hace poco, por sorprendente que parezca, Costa Rica ha figurado entre las lagunas de nuestros conocimientos del romancero pan-hispánico. Y es gracias a los beneméritos esfuerzos, el entusiasmo y la erudición de Michèle S. de Cruz-Sáenz que semejante interrogativa en nuestra documentación romancística ya ha sido definitivamente borrada. A la profesora Cruz-Sáenz y a sus extensas campañas de recolección en pueblos y aldeas apartadas de la República debemos, en esencia, el descubrimiento de esta nueva rama del romancero pan-hispánico. La existencia de romances en Costa Rica ya se conocía, de cierta forma, desde hacía años, pero se conocía mediante publicaciones que apenas trascendían las fronteras nacionales y que, sólo en rarísimos casos, llegaron a ser consultadas por los estudiosos del romancero en un ámbito internacional.[23] Además, las recolecciones realizadas no pasaban de esporádicas y casuales: Ningún esfuerzo sistemático se había desplegado para descubrir cómo sería en su totalidad el repertorio romancístico de Costa Rica. La Dra. Cruz-Sáenz ha compulsado esta recóndita bibliografía, a la vez que ha realizado—lo que es mucho más importante—extensísimas encuestas de campo, durante toda una serie de estancias en Costa Rica, para entrar en contacto con el pueblo, con innumerables cantores de romances, y para formar una extensa e inigualable colección, que nos documenta con toda seguridad el típico repertorio romancístico de Costa Rica. Siempre pueden aparecer nuevos temas; la tradición oral guarda celosa sus tesoros y siempre nos reserva nuevas sorpresas—y de ahí, precisamente, su inagotable fascinación—pero lo exhaustivo y lo extensivo de las investigaciones realizadas por la profesora Cruz-Sáenz nos garantizan el carácter representativo y autorizado de la presente colección.

Manuel Manrique de Lara en el repertorio del notable cantor sevillano, Juan Jose Niño. Hasta publicarse el folleto de José Blas Vega, se pensaba que esta peculiar tradición gitana se había agotado hace años. Véase Diego Catalán, "Memoria e invención en el romancero de tradición oral," *Romance Philology*, 24 (1970-1971), 1-25, 441-463: p. 458 y n. 128.

[20] Véase Braulio do Nascimento, "Um romance tradicional entre índios do Amazonas, no século XIX," *El Romancero hoy: Nuevas fronteras*, pp. 115-124. Trátase de una versión de *A Nau Catrineta* recogida por José Veríssimo entre los indios maué (1877-1885).

[21] Germán de Granda, "El romancero tradicional español en el Paraguay: Razón de una (aparente) anomalía," *Thesaurus*, 37 (1982), 120-147.

[22] G. de Granda, "Romances de tradición oral conservados entre los negros del occidente de Colombia," *Thesaurus*, 31 (1976), 209-229. Se reproduce, con otros testimonios romancísticos, en *Estudios sobre un área dialectal hispanoamericana de población negra: Las tierras bajas occidentales de Colombia* (Bogotá: Instituto Caro y Cuervo, 1977), pp. 258-295.

Nos encontramos, en efecto, ante una tradición característica, típica del romancero hispanoamericano en general: Nos encontramos que, a menudo, el romancero se ha refugiado en su función de poesía infantil y nos encontramos también con un número relativamente reducido de temas narrativos (en comparación, por ejemplo, con los ingentes repertorios de tales sub-tradiciones como las de las Islas Azores, de Trás-os-Montes, de Asturias-León-Castilla o de los sefardíes orientales y norteafricanos, entre otros que se podrían citar). Pero no por eso vale menos este espléndido romancero costarricense como un auténtico documento de lo que en realidad canta el campesino *tico*, sus perspectivas, sus preferencias, su sistema de valores. Encarecen también el valor de esta espléndida colección la multiplicidad de versiones en que, en muchos casos, se publican los varios romances (acompañadas—subsidio indispensable para su conocimiento cabal—de excelentes transcripciones musicales de las tonadas tradicionales, a cargo de la profesora Christina Braidotti). Semejante abundancia de textos nos brinda la oportunidad—céntrica para los estudios romancísticos—de extudiar la tradición como un sistema de variación constante y dinámica, un sistema en continuo devenir, un sistema abierto, cuya naturaleza esencial consiste precisamente, según señalaba don Ramón, en vivir variándose.[24] En fin, todos los que estudiamos el romancero y la poesía tradicional nos hemos de felicitar ante la publicación de este espléndido romancero de Costa Rica, que nos abre nuevas perspectivas sobre la balada hispánica como un precioso legado cultural, multisecular e internacional.

SAMUEL G. ARMISTEAD
Universidad de California, Davis

[23] Nótese el exiguo apartado dedicado a Costa Rica en la autorizada bibliografía de M. E. Simmons (p. 159). Comenta Simmons: "As is evident from the paucity of entries in this section,... the popular poetry and song of Costa Rica remain almost untouched by folklorists and literary scholars" (p. 157).

[24] Véase R. Menéndez Pidal, "Poesía tradicional en el romancero hispano-portugués," *Castilla: La tradición, el idioma* (Buenos Aires-Méjico: "Colección Austral," 1945), pp. 41-74: "El romance vive variando su forma. Vive en variantes" (p. 66). Sobre el romancero como un sistema abierto, véase Diego Catalán, "Los modos de producción y 'reproducción' del texto literario y la noción de apertura," *Homenaje a Julio Caro Baroja*, ed. Antonio Carreira et al. (Madrid: Centro de Investigaciones Sociológicas, 1978), pp. 245-270.

Introducción

1

EL PRESENTE *Romancero tradicional de Costa Rica* es el resultado de un proyecto iniciado en 1973. De este país centroamericano, que cuenta con una población en su mayor parte de origen europeo, apenas se había recogido, al parecer, una escasa muestra del romancero oral. El caso parecía raro, pues de los paises vecinos, Nicaragua y Guatemala, ya se conocía una tradición oral bastante bien conservada. Tales circunstancias me convencieron de que en Costa Rica también debía haber, por lo menos, algunos vestigios de la rica tradición traída, por lo menos en parte, de los paises vecinos ya al principio del siglo XVI con los primeros colonizadores, cuyos descendientes costarricenses siguen hasta hoy manteniendo con orgullo los primeros cincuentaidos apellidos originales.

En agosto de 1973 pasé dos semanas en Costa Rica. Armada de una grabadora y varios romanceros hispanoamericanos, mi esposo y yo anduvimos en "Land Rover" por las provincias de la Meseta Central, tierra de los colonizadores: Cartago, Alajuela, San José y Heredia. También pasamos unos días en Guanacaste porque se suponía que allí debía haberse producido alguna combinación de la tradición indígena con la europea. Nos quedamos muy satisfechos con los resultados de este primer viaje de investigación. Entrevisté a 17 informantes y sin mucha dificultad recogí 45 textos romancísticos con un total de 22 diferentes tipos narrativos. A veces ya sabíamos de antemano el nombre de algún anciano que sabía cantar, pero en la mayoría de los casos, llegábamos a los pueblos y nos íbamos a la pulpería o a la taberna principal para averiguar quiénes nos podrían cantar "canciones antiguas." Nunca usábamos la palabra "romance," pues la voz no se conoce en el habla poplar. Empezábamos siempre con los ancianos, pero pronto supimos que la edad del informante, frecuentemente, no tenía nada que ver con la excelencia de las versiones que sabía cantar. A veces también, cuando no tuvimos suerte en las tiendas locales, anduvimos por las calles, pidiendo a los vecinos que nos cantaran o preguntando si conocían a personas que sabían canciones. En este primer viaje notamos una característica tranquilidad general y un deseo de complacernos en nuestras investigaciones. Hasta se nos acompañaba de una casa o otra para facilitar nuestra tarea. Si alguien sabía un romance, pero no contaba con una guitarra, los vecinos pronto se la prestaban encantados con el prospecto de oír cantar una canción. Notamos que nadie se cerraba la puerta con llave; todos se conocían, y nos creían cuando les explicábamos el proyecto. Todos, sin excepción, querían ayudar. El día típico de un obrero del campo consiste en levantarse a las 4:00 de la madrugada; después de un almuerzo a las 12:00, vuelve al trabajo para terminar a las 4:00 de la tarde. Cena a las 5:00 y a veces, algún grupo se junta en una de las casas para tocar la guitarra y cantar hasta las 8:00 o las 9:00 de la noche. En 1973, apenas había televisiones en los pueblos, aunque casi todo el mundo ya tenía su radio. Las horas más propicias para la recolección eran las del mediodía y después de las 4:00 de la tarde.

Muy pronto pude aprender de memoria las canciones más conocidas por todos. Una de las favoritas entre los hombres era *El Barquero*. Ni se necesitaba guitarra para cantarla. Los niños siempre sabían *Doña Ana* y a las mujeres les gustaba *El Soldadito* o *Chabelita*. A los ancianos se les olvidaba a menudo la letra de *Bernal Francés*, pero muchos aún sabían cantarme, por lo menos, los dos primeros versos. Regresamos de este primer viaje sumamente entusiasmados con la buena tradición oral del romancero aún existente en Costa Rica.

Pasaron dos años antes de que pudiéramos regresar y emprender de nuevo nuestras encuestas. En julio de 1975, volvimos a Costa Rica para realizar otras dos semanas más de trabajos de campo. Se habían producido cambios radicales en el clima social del país: todos los pueblos de la Meseta Central ya tenían carreteras muy buenas con buen servicio de transporte público; todos tenían líneas de teléfonos, y casi todos, no importa cuán humilde la casa, ya tenían antenas de televisión. Durante esta segunda visita recopilé, de 20 informes, 36 versiones romancísticas y un total de 23 tipos narrativos. Las puertas ahora estaban cerradas con llave y la gente recelosa y reacia a cooperar con nosotros si no estábamos acompañados de amigos conocidos por ellos, o si no sabíamos nombrar a gente conocida. El pretexto más frecuente para no grabar una canción era: "No puedo cantar sin guitarra." Tuvimos que trabajar mucho más para conseguir las versiones que en fin logramos grabar. Para lograr entrevistar con éxito a nuestros 20 informantes, tuvimos que hablar con mucha más gente que en 1973. Se notaba una combinación de nuevos factores en la vida costarricense: en primer lugar observamos un cambio drástico en la cultura del país. Todos querían adquerir los beneficios tangibles de una sociedad tecnológica. La gente se iba olvidando de los placeres sencillos del grupo de ancianos o de obreros que de noche solían cantar juntos para la familia o para vecinos. Todos se quedaban ahora en casa con la televisión. Al preguntar por una canción en la puerta de una casa, se me ofrecía poner un disco en el estereofónico, en lugar de cantar lo que sabían sin acompañamiento. Segundo, se notaba ya cierto cambio en la estructura de las familias. Con todos los hijos en la escuela y con tanto nuevo aparato asequible, muchas mujeres se habían ido a trabajar fuera de casa. Los peones de las fincas ya no querían quedarse en las montañas y se iban a las ciudades para ganar mejores sueldos y hacerse parte de la nueva cultura. Los ancianos que antes formaban una parte integrante de la familia rural, ahora se encontraban solos sin poder mantenerse. Los asilos de ancianos siempre habían existido en Costa Rica, pero en 1975 se notaba mucha construcción en todas las provincias de nuevas facilidades de este tipo. En un principio se pensaría que los asilos serían un buen lugar para la recolección de romances y a veces en efecto, tuvimos éxito al visitarlos. Pero, a pesar del ambiente nuevo y aséptico—o quizá precisamente a causa de él—ya les fallaba la memoria. Estaban contentos, hasta cierto punto, pero en sus pequeños cubículos, vestidos todos de uniformes, guardando sólo un par de posesiones personales, les era aún más difícil recordar palabras de las antiguas canciones que, en un lejano mundo campestre, ya pasado de moda, habían aprendido de sus padres y abuelos.

Con 37 informantes ya entrevistados y un total de 81 versiones romancísticas, escribí en 1976 un informe sobre mis investigaciones en Costa Rica para presentarlo en el Segundo Congreso Internacional sobre el Romancero en la tradición oral. Sabía que con el paso del tiempo, mi proyecto de compilar un romancero tradicional en Costa Rica iba a hacerse cada vez más difícil. En julio de 1979, gracias a una generosa subvención de la American Philosophical Society, pude volver otra vez a Costa Rica a pasar cinco semanas en busca de romances con el propósito de completar y ampliar mi colección. Con Cartago, la primera ciudad fundada por los conquistadores españoles, como base de operaciones, viajé en autobús o en "Land Rover" a los pueblos cercanos. Pasé los fines de semanas en algunos lugares más apartados. Como ya esperaba, me había de encontrar con otros muchos cambios. Resultaba aún más difícil instar a la gente a que cantara. Noté que el número de ancianos que vivían solos había aumentado substancialmente y que, en contraste con lo que vi en 1975, ya podía conseguir mucho en los asilos de ancianos. La edad de los ancianos hospiciados en los asilos había bajado de manera significativa. A menudo encontraba a personas incluso de cincuenta años para arriba. También, igual que en mis viajes anteriores, la fragmentación de los textos resultaba más bien la norma que la excepción.

Casi renuncié al proyecto en los primeros días de meterme en el campo porque nadie podía, o nadie quería cantar. Pero, después de varios días de búsqueda, las encuestas volvieron a resultar fructíferas. Regresé a los Estados Unidos esta vez con 160 textos romancísticos de 25 tipos narrativos, habiendo entrevistado a 63 informantes. Como se ha notado respecto al actual romancero tradicional de otras áreas hispánicas, todavía hay individuos que mantienen la tradición, pero a falta de auditorio, ellos también parecen estar perdiendo la memoria. Aun ante una abrumadora tendencia a la fragmentación, resultó posible recoger romances completos, tales como se cantaban hace 50 años o más. En 1979, el romance más conocido seguía siendo el del *Barquero*. Todos, de la edad que fueran, lo sabían y lo cantaban en forma completa. Los niños seguían cantando sus mismos temas infantiles y toda mujer con hijos me sabía cantar uno o dos arrullos. Pero los romances de *Bernal Francés* y *El hermano incestuoso* salieron aún más fragmentados que nunca.

Dentro de los asilos de ancianos noté que algunos ayudantes y criados habían aprendido y habían seguido cantando los romances de los ancianos y a veces sus versiones incluso resultaban más completas que las de los viejos. A lo mejor, pese a los augurios poco prometedores, aún queda esperanza para el romancero tradicional en Costa Rica.

El propósito de mi proyecto ha sido establecer la existencia de una tradición oral romancística en Costa Rica. Varios tipos pueden identificarse con textos de los siglos XV y XVI. En comparación a la tradición romancística sefardita o la peninsular, la colección de romances publicada en las páginas siguientes no representa en concreto ninguna gran novedad. Pero, con todo, creo haber podido rescatar la tradición costarricense tal y como hoy día existe. La investigación que hice y que sigo haciendo, representa un esfuerzo para conservar para el futuro esta tradición, que con los cambios económicos, sociales y tecnológicos, parece destinada a desaparecer dentro de pocos años.

Como guías de recolección consulté una serie de romanceros hispanoamericanos. Resultó especialmente útil el trabajo sobresaliente de Gisela Beutler, *Estudios sobre el romancero en Colombia* (Bogotá, 1977), así como su primera edición alemana (Heidelberg, 1969). Beutler ha recogido 325 versiones de romances colombianos en tres años de investigaciones realizadas entre 1960 y 1963. Su bibliografía es la más amplia que existe para la tradición hispanoamericana. Por esta razón prescindo en gran parte de referencias extensas para las demás tradiciones americanas y remito al aparato bibliográfico de Beutler. He seguido también en la mayoría de los casos, su orden de presentar y clasificar los temas romancísticos. Para pautas bibliográficas de las otras tradiciones hispánicas, remito a la clasificación temática de Samuel G. Armistead, *El romancero judeo-español en el Archivo Menéndez Pidal*, 3 tomos (Madrid, 1979). Así, cada romance costarricense puede compararse fácilmente con el mismo tipo narrativo en las demás sub-tradiciones. Cuando el tema falta en la tradición sefardí, procuro indicar por lo menos, algunos ejemplos peninsulares representativos.

2. La recolección romancística en Costa Rica

La bibliografía publicada por Merle Simmons en 1963 contiene sólo seis referencias pertinente al Romancero en Costa Rica:

Colección de bailes típicos de la provincia de Guanacaste. San José: Secretaría de Educación, 1929.

Fonseca, Julio, "Referencias sobre música costarricense," Revista de estudios musicales, 1 (1950), pp. 75-97.

Gamboa, Emma. Canciones populares para niños. San José: Lehmann, 1941.

Núñez, Evangelina de. Costa Rica y su Folklore. San José: Imprenta Nacional, 1956.

Rení, Aníbal. Recados criollos: folklore costarricense. San José: Editorial Tecolotl, 1944.

Umaña, Salvador, "Del folklore costarricense: trozos de un Cancionero nacional de cuna que se está recogiendo," Repertorio Americano, 2 (1921), pp. 196-97; 303-04.

Aunque sea muy incompleta, esta lista representa una notable aportación por parte del Profesor Simmons, pues la circulación de estas obras fuera de Costa Rica ha sido escasísima. Con todo, a base de estos testimonios se pensaría que apenas existen publicaciones locales sobre la tradición folklórica en Costa Rica. En realidad, semejante idea resulta a la vez correcta e incorrecta. Siempre han existido en Costa Rica algunos individuos dedicados a apuntar lo que se canta entre el pueblo costarricense. En efecto, he podido localizar un buen número de libros y artículos referentes, por lo menos en parte, al romancero oral. Ahora bien, el propósito de los que han recogido romances en Costa Rica—casi todos profesores de música—era publicar versiones escolares de sus textos. Poco se interesaban por el proceso de verificación que podría caracterizar la vida tradicional de estos poemas. A la vez, con una sóla excepción, no se suele indicar en estas publicaciones el nombre, la edad, ni la pronunciación dialectal de los informantes. La mayoría de las publicaciones romancísticas costarricenses son libros de enseñanza elementaria, revistas pedagógicas y artículos periodísticos de interés local. Naturalmente la circulación de semejantes fuentes es sumamente limitada y las ediciones se agotan casi tan pronto como aparecen. También noté que, en vez de hacer nuevas investigaciones, se tiende—trascurridos algunos años—a publicar como novedad los mismos trabajos de antes. Sólo en los trabajos de investigación y recopilación de Luis Ferrero Acosta, tenemos algunos romances con los nombres y edades de sus informantes, los pueblos donde se recogieron los textos y la fecha de recolección. A continuación, se ofrece una lista de publicaciones romancísticas asequibles únicamente en Costa Rica como suplemento de los materiales reunidos en la gran bibliografía de Simmons.[1]

Ferrero Acosta, Luis. *Literatura infantil costarricense*. San José: Ministerio de Educación Pública, 1958.

—————. *La poesía folklórica costarricense*, separata. San José: Trejos, 1964; en *Textos de lecturas y comentarios para primer año de enseñanza media*, ed. Mario Fernández Lobo y Álvaro Porras Ledezma. San José: Trejos, 1964; en *Nociones de folklorología*, ed. Wilber Alpírez Quesada. San José: Ministerio de Educación Pública, 1975, 1978.

—————. *36 Juegos folklóricos*. San José: Ministerio de Educación, 1958.

Gamboa, Emma. *Versos para niños*. San José: Lehmann, 1941.

Lo que se canta en Costa Rica. San José: Nacional, 1933; novena edición aumentada y correigda por J. Daniel Zúñiga. San José: Universal, 1970.

Meléndez Chacón, Carlos. "Liberia: la ciudad de las pampas guanacastecas," *Ande*, 1 (1964); republicado en *Ande*, 4 (1968), pp. 30-75.

Monge de Castro, María Eugenia, "Romances populares recogidos por María Monge de Castro," *Educación*, 4 (San José, 1958), p. 78.

Monge O., María Eugenia. *El romancero en Costa Rica*, tesis para la incorporación a la Facultad de Letras y Filosofía de la Universidad de Costa Rica, 1946.

Prado Quesada, Alcides, ed. *Costa Rica: su música típica y sus autores*. San José: Lehmann, 1962.

---

[1] Durante mis encuestas romancísticas en Costa Rica, se iniciaba el primer proyecto nacional para la colección de folklore costarricense bajo la dirección de la Srta. Christiana Figueres, hija del ex-presidente del país, D. José Figueres. En el verano de 1975, ella invitó a Costa Rica a un grupo de antropólogos y musicólogos de los Estados Unidos, subvencionados por el Instituto Mundial de la YMCA. Estos jóvenes pasaron dos meses (julio y agosto) ayudando y dirigiendo a un grupo de profesores y estudiantes universitarios a recoger toda clase de folklore en muchas regiones del país. Coleccionaron bailes folklóricos de los festivales anuales de Guanacaste, cuentos, canciones, proverbios, chistes y adivinanzas. Sería muy de desear

Prieto Tugores, Emilia. *Romanzas ticomeseteñas*. San José: Ministerio de Cultura, 1978.

—————. "Tonadas campesinas en los llanos centrales de Costa Rica," *Artes y Letras* (1970), pp. 3-23. Cf. *Romanzas ticomeseteñas*.

Sáenz, Carlos Luis, "Mulita mayor," *Repertorio Americano*, 29 (1949); segunda ed., San José: Editorial Costa Rica, 1968, tercera ed., 1971, pp. 174.

Salas, M. Rafael. *Un libro de juegos*. San José: Alsina, 1929.

Sánchez, José Manuel, "Versos folklóricos de la meseta central," *Repertorio Americano*, 28 (1948).

Vargas Calvo, José Joaquín. *Cantos escolares*. San José y Paris: Henry Lemoine, 1907.

Zúñiga, Zacarías. *Juegos escolares*. San José: Lehmann, 1915.

3. Los Temas

1. *¿Por qué no cantáis la bella?* (a lo divino) (*é-a*): Las dos versiones que recogí en 1973 son semejantes al fragmento conseguido por Mejía-Sánchez en Nicaragua:

> La Virgen se está peinando;   su peine de marfil era;
> rayos del sol sus cabellos,   su cinta de primavera...

Son también casi idénticas a las versiones colombianas (Beutler, pp. 302-06). Se ha recogido el romance en Colombia, Cuba, Puerto Rico, Nicaragua y Argentina. La forma a lo divino también se encuentra abundantemente en la tradición peninsular. En su antigua forma "secular" abunda en las dos tradiciones sefardíes y hay algunos escasos restos peninsulares.[2] Las versiones españolas más antiguas datan de la epoca áurea. *Bibliografía*: Emma Gamboa, *Versos para niños*, San José: Lehmann, 1974, pp. 16-18/B-1[3]; RSA-1[4]//CMP, J-4.[5]

2. *La fé del ciego* (*é*): Recogí entre 1973 y 1979, diez versiones de este romance. Irónicamente sólo las dos versiones de doña Emma Benegas de Salazar fueron cantadas. Las versiones que publica Beutler de Colombia tienen dos melodías. La intriga de todas es la misma: el niño tiene sed y la Virgen le pide una naranja al ciego que cuida el naranjal. Al ofrecerle todas las que quisiere, el ciego recobra la vista.

que se editaran estos preciosos materiales. Se encuentran despostados en los Archivos Nacionales.

[2] Véase Paul Bénichou, *Romancero judeo-español de Marruecos* (Madrid: Gredos, 1968), pp. 169-74; Id., "La Belle qui ne saurait chanter," *Revue de littérature comparée*, 28 (1954), pp. 257-81.

El romance se encuentra por toda Latinoamérica: Colombia, Luisiana, Cuba, República Dominicana, Puerto Rico, Guatemala, Nicaragua, Venezuela, Argentina y Chile, así como en todas las áreas de la tradición peninsular. Falta, claro está, entre los sefardíes. *Bibliografía*: Emma Gamboa. *Versos para niños*, San José: Lehmann, 1941, pp. 19-20; B-2; RSA-2. Para una muestra de la tradición peninsular, véanse, por ejemplo RPM 426-34; VRP 759-65.[6]

3. *Delgadina (polias.)*: El romance de *Delgadina* se encuentra muy comúnmente en la tradición oral de todo el mundo hispánico. Se ha recogido en España, en las Islas Canarias, Colombia, California, Colorado, Nuevo México, Texas, México, Guatemala, Nicaragua, Cuba, República Dominicana, Puerto Rico, Venezuela, Uruguay, Argentina y Chile, así como entre los sefardíes de Marruecos y del Mediterráneo oriental. No se ha podido establecer los orígenes del romance, aunque el motivo parece semejante a la leyenda de la Santa Dimfna. La documentación más temprana se encuentra en la tradición sefardita de Oriente. Una cita en un himnario hebreo de 1555 comienza: "Estábase la Delgadita." Otra cita sefardí, "Delgadina, Delgadina," puede fecharse en 1684 y en 1753.[7]

Aunque pregunté por este romance cada vez que estuve en Costa Rica, sólo tuve éxito en recogerlo en 1975 en una versión confusa y fragmentaria. Luego en 1979, conseguí tres versiones casi completas de dos lugares muy distintos: Puriscal y Liberia que se encuentran en las provincias de San José y Guanacaste, respectivamente. Se nota en las melodías que proceden estas versiones de tradiciones diferentes; la de Liberia probablemente conserva alguna influencia nicaragüense, aunque el informante insistió que lo había aprendido en Costa Rica. *Bibliografía*: B-15; RSA-15//CMP P-2.

4. *Blancaflor y Filomena (polias.)*: En la América Española conoce una vasta difusión esta reelaboración romancística del mito clásico de Procne y Philomela. Se ha recogido en Colombia, República Dominicana, Puerto Rico, Guatemala, Nicaragua, Venezuela, Argentina y Chile. Se conoce en las áreas hispanohablantes de la Península, así como en Cataluña, Portugal y Canarias, y también en las dos ramas

---

[3] B más un número representa la referencia bibliográfica al romancero de Beutler (1977), pp. 484-96.

[4] RSA más un número = S. G. Armistead, "The *Romancero* in Spanish America: Priorities and Perspectives" (aparecerá en *Romance Philology*).

[5] CMP más un número = S. G. Armistead, et al., *El romancero Judeo-español en el Archivo Menéndez Pidal*, 3 vols. (Madrid: Cátedra-Seminario Menéndez Pidal, 1979).

[6] VRP núms. 759-65 = José Leite de Vasconcelos, *Romanceiro Português*, 2 vols. (Coimbra, 1958, 1960).

[7] Véase Hanoch Avenary, "Cantos españoles antiguos mencionados en la literatura hebrea," *Anuario Musical*, 25 (1971), pp. 67-79, núm. 78 y 48.

sefardíes. La única versión, que recogí en Liberia, establece la tradicio-
nalidad del tema en Costa Rica. *Bibliografía*: María Eugenia Monge O.
El romance en Costa Rica, tesis, 1946, pp. 40-45; B-16; RSA-16//CMP
F-1.

5. *Bernal Francés (polias.)*: Según demuestra Juan Bautista de Avalle-
Arce,[8] Bernal Francés era un personaje histórico, nombrado capitán
de los Reyes Católicos. El poema, creado al parecer en el siglo XV para
denigrar al odiado capitán, se conoce hoy día en todas las ramas de la
tradición hispana: Colombia, California, Colorado, Nuevo México,
Texas, Luisiana, México, Guatemala, Nicaragua, Cuba, República Dominicana, Puerto Rico, Venezuela, Perú, Argentina y Chile. Se ha
recogido también en las regiones castellanas de la Península, en las
Islas Canarias, en Cataluña y en Portugal, así como en Oriente y
Marruecos. Concluye Avalle-Arce que Bernal Francés era de la familia de Diego Sánchez de Valladolid, judío converso, que alcanzó un
puesto elevado de contador mayor en la real tesorería. Probablemente
nació Bernal Francés en 1450 y murió a poco de entrado del siglo XVI.
Un bisnieto suyo era el doctor Bernardo de Olmedilla que en 1617 era
del "Consejo de su Majestad y su oydor en el Real de las Indias." El
romance de *Bernal Francés*, según Avalle-Arce, pudo haberse originado
en la Andalucía oriental en la región de Vélez-Málaga. *Bibliografía*:
María Eugenia Monge O., *El romance en Costa Rica*, tesis, 1946, pp. 74-
80; Emilia Prieto Tugores, *Romanzas ticomeseteñas*, San José: Ministerio
de Cultura, 1978, pp. 65-70; B-17; RSA-17//CMP M-9.

6. *La vuelta del marido (é)*: Este romance se manifiesta en dos formas
distintas en toda Costa Rica. Recogí tres melodías diferentes de la
canción que se conoce por el título de *El Soldadito* o *Chabelita*. La trama
del romance es idéntica en todas las versiones: vuelve de la guerra el
marido después de un año (en algunos textos, quince años), vestido de
soldado. La esposa no le reconoce y le pregunta si conoce a su marido.
La mujer le da señas de él y el marido responde que murió y que ella
debe casarse con él.
Difieren las descripciones del marido. Una mayoría de los textos
dice: "... es altito y delgadito/con el estilo de francés," pero existen
otras variantes: "mi marido es alto y grueso/tiene el habla muy cortés"; o "tiene tipo de francés." Casi todos los textos afirman que lleva
en el cuello de la camisa el nombre de "Isabel" y de ahí viene el nombre de *Chabelita*. En las más versiones no se efectua el reconocimiento
del marido y la esposa exclama: "Dios me libre, Dios me guarde/y la
Virgen Santa Inés." En algunas versiones se añaden al final los
siguientes versos:

[8] *Temas hispánicos medievales* (Madrid: Gredos, 1974), pp. 135-232.

> Ya me voy p'a el mercado   a ver si compra verdura,
> para que la gente diga   que guapa quedó la viuda.

La vuelta del marido (é): se conoce en toda la América Española: Colombia, California, Nuevo México, Luisiana, México, Guatemala, Cuba, República Dominicana, Puerto Rico, Venezuela, Perú, Uruguay, Argentina y Chile. Se ha recogido en gran abundancia en las áreas castellano-hablantes de la Península, así como entre los sefardíes orientales y occidentales. El romance español tiene su origen en una *chanson* francesa del siglo XV (véase CMP). *Bibliografía*: Luis Ferrero Acosta, *La poesía folklórica costarricense* (separata), San José: Trejos, 1964, pp. 9-11; véase también otras reimpresiones; *Id., 36 Juegos folklóricos*. San José: Ministerio de Educación, 1958, p. 14; María Eugenia Monge O. *El romancero en Costa Rica*, tesis, 1946, pp. 23-30; Emilia Prieto Tugores. *Romanzas ticomeseteñas*. San José: Ministerio de Cultura, 1978, pp. 141-45; Id., "Tonadas campesinas en los llanos centrales de Costa Rica," *Artes y Letras* (1970), pp. 12-14/B-18; RSA-18//CMP I-2.

7. *La recién casada (polias.)*: Aunque, por su forma radicalmente diferente, se clasifica como romance independiente, *La recién casada* constituye, en último término, una reelaboración hispanoamericana de *La vuelta del marido (é)*. El único fragmento que recolecté de este romance presenta problemas textuales. El primer verso, "Yo soy la recién casada," me obliga a clasificar el fragmento en esta categoría, pero en lo que sigue, se ve que la narración ha sido reinterpretada. Aquí no se trata de una esposa fiel, sino de una mujer infiel que busca su libertad. *Bibliografía*: /BRSA-24.

8. *El marinero al agua (á-a)*: He conseguido una sólo versión (recitada, no cantada) de este difundidísimo romance que se conoce en textos de Colombia, México, Cuba, República Dominicana, Puerto Rico, Venezuela, Uruguay y Argentina. Las versiones colombianas son aún más fragmentadas que la costarricense, y menos detalladas. Se ha recogido también en todas las regiones de la Península (Cataluña, dominios lingüísticos castellanos y Portugal), así como en las Islas Canarias. Se conoce también en Marruecos, donde es obviamente de introducción reciente. *Bibliografía*: /B-19; RSA-19//CMP U-3.

9. *Alfonso XII (í)*: De las nueve versiones que recogí, ocho reflejan un mismo estado de fragmentación. La mayor variación en estas ocho versiones se refiere al momento en que Alfonso pierde a Mercedes. La mayoría de estos textos reza, "ayer tarde la perdí," pero alguno alude a "anteanoche." En vez de los "cuatro duques" que comúnmente la llevan por las calles de Madrid, una versión moderniza diciendo "cuatro coches" y muchas más reinterpretan la escena de un medio grotescamente macabro con la lectura "cuatro zopilotes."

La última versión recolectada es la más completa y antigua. Se parece mucho a la de Nicaragua (Mejía-Sánchez, pp. 72-73), aunque difiere en el orden de los versos. Se encuentran versiones de este romance en casi todas las regiones hispanoamericanas: Colombia, Nuevo México, México, Nicaragua, Cuba, República Dominicana, Puerto Rico, Venezuela, Ecuador, Perú, Uruguay, Argentina y Chile. Se conoce también en toda España y en época reciente ha pasado también a Marruecos. *Alfonso XII* es una adaptación moderna de antiguo romance de *La aparición*. Bibliografía: María Eugenia Monge O., *El romance en Costa Rica*, tesis, 1946, pp. 31-34/B-22; RSA-22//CMP J-2.

10. *Escogiendo novia (é)*: En Costa Rica, como en otras muchas áreas hispanoamericanas, se suele titular *Hilitos de oro* a este romance infantil. Se lo encuentra por todas partes de Latinoamerica, en las Islas Canarias, en la tradición peninsular y en las dos ramas judeo-españolas, así como en Portugal y en el Brasil. De la América Española se ha recogido en Colombia, Nuevo México, México, Guatemala, Nicaragua, Cuba, República Dominicana, Puerto Rico, Venezuela, Ecuador, Perú, Uruguay, Argentina y Chile. El sub-tipo que publicó Emma Gamboa en sus *Canciones populares para niños* (1941), ha sido imposible recoger hoy día. Se llama *Hilo verde* y tiene una melodía diferente de las mías:

—Hilo, hilo, hilo verde   que hilando lo hilé;
2 que en el camino me han dicho   lindas hijas tiene el rey.
—Téngalas o no las tenga   yo las sabré mantener;
4 que del pan que yo comiera   comerán ellas también.
—Yo me voy muy enojado   de los palacios del rey;
6 que las hijas del rey moro   no me las dan por mujer.
—Vuelva, vuelva, caballero,   no sea Ud. tan descortés;
8 que de las hijas que tengo   la mejor será de Ud.
—Esta cojo por mi esposa   y por mi mujer también;
10 que parece una rosita,   acabada de nacer.
—Lo que a Ud. le encargo,   que me la cuide muy bien.
12 sentadita en silla de oro   bordando paños del rey.
—Eso si que yo no hago   de pegarle a mi mujer;
14 que parece una rosita   acabada de nacer.

Las dos versiones que conseguí, una recitada y la otra cantada, son fragmentarias en comparación con el texto de 1941. Difieren también de las versiones de Colombia. El romance representa una ronda que cantan las niñas. Van perdiéndose los detalles del texto, así como el juego al que suele acompañar. Bibliografía: Emma Gamboa, *Canciones populares para niños*, San José: Lehmann, 1941, p. 13; María Eugenia Monge O., *El romance en Costa Rica*, tesis, 1946, pp. 70-73/B-23; RSA-23//CMP S-15.

11. *Don Gato (á-o)*: Esta canción infantil ha gozado de una diseminación muy ámplia por todas partes del mundo hispano. Ha sido recogida en Castilla, en Galicia, en el norte de Portugal y en las Islas Canarias. La tradición sefardita la conoce en Marruecos y también se ha recogido una versión en Bucarest. Se canta por toda Hispanoamérica: Colombia, Nuevo México, México, Guatemala, Nicaragua, República Dominicana, Puerto Rico, Venezuela, Perú, Argentina y Chile. *Bibliografía*: Emma Gamboa, *Canciones populares para niños*. San José: Lehmann, 1941, p. 17; María Eugenia Monge O., *El romance en Costa Rica*, tesis. San José, 1946, pp. 45-47/B-25; RSA-25//CMP W-1.

12. *El Torito (á-o)*: Con variantes mínimas se conoce en toda Costa Rica este difundidísimo tópico del *Testamento del enamorado*. Se le suele designar con el título del *Torito*. Se considera como danza folklórica y se le califica específicamente parte de la tradición guanacasteca. El poema deriva en último término de un romance impreso en la *Flor de enamorados* de 1562 (ver CMP). Conoce una difusión hispánica casi universal: Colombia, California, Nuevo México, Luisiana, México, Guatemala, Nicaragua, Cuba, la República Dominicana, Puerto Rico, Venezuela, Perú, Argentina y Chile. Se conoce también en las Islas Canarias, en áreas castellanas y en Portugal; a Marruecos ha pasado, al parecer, en época moderna. *Bibliografía*: Julio Fonseca, "Referencias sobre música costarricense," *REM*, 1:3 (1950), p. 83; *Lo que se canta en Costa Rica*, San José, 1933, p. 83; Carlos Meléndez Chacón, "Liberia: la ciudad de las pampas guanacastecas," *Ande*, 1 (1964); 4 (1968), p. 59; María Eugenia Monge O., *El romance en Costa Rica*, tesis, 1946, pp. 48-53; Alcides Prado Quesada, ed. *Costa Rica: su música típica y sus autores*, San José: Lehmann, 1962; Secretaría de Educación, *Colección de bailes típicos de la provincia de Guanacaste*. San José: Imprenta Nacional, 1929, p. 18/B-26; RSA-26//CMP K-12.

13. *La viudita del Conde Laurel (é)*: Beutler no recoge esta conocidísima canción infantil. Se conoce en muchas áreas de Hispanoamérica, así como en toda España y casualmente en Marruecos (donde es de introducción reciente). Su distribución hispanoamericana incluye Colombia, Nuevo México, México, Cuba, la República Dominicana, Puerto Rico, Perú, Argentina y Chile. *Bibliografía*: Luis Ferrero Acosta, *36 Juegos folklóricos*. San José: Ministerio de Educación, 1958, p. 13; María Eugenia Monge O., *El romance en Costa Rica*, tesis, 1946, p. 92/Garrido (1955), no. 122[a9]; Romero (1971), pp. 336-37[10]//CMP S-19.

---

[9] Edna Garrido de Boggs, *Folklore infantil de Santo Domingo* (Madrid: Cultura Hispánica, 1955).

[10] Emilia Romero de Valle, "Juegos infantiles tradicionales en el Perú," *25 Estudios de Folklore* (Homenaje a Vicente T. Mendoza y Virginia Rodríguez Rivera), México: U.N.A.M., 1971.

14. *La muerte del príncipe (polias.)*: Las dos versiones orales que se consiguió en las provincias de Cartago y Heredia representan variantes del poema semi-tradicional de José Martí, *Los dos príncipes*. Véase el texto en Eumeterio S. Santovenia y Raúl M. Shelton, *Martí y su obra*, Miami, Florida: Educational Publishing Corporation, 1970, pp. 375-76.

15. *El hermano incestuoso (polias.)*: En su métrica no es romancístico este poema narrativo vulgar y moderno. Ha alcanzado una amplia difusión en Hispanoamérica: Colombia, Nuevo México, Puerto Rico, Venezuela y Chile. Se conoce también en España y en fecha reciente ha pasado a formar parte del repertorio de los sefardíes de Israel. *Bibliografía:* / B-37; RSA-38 / / Levy (1970), nos. 98-99.[11]

16. *El barquero (á)*: Parece ser éste un poema de difusión exclusivamente hispanoamericana. Se conocen versiones de Colombia, Nicaragua, Cuba y Venezuela. *Bibliografía:* Luis Ferrero Acosta, *La poesía folklórica costarricense*, separata. San José: Trejos, 1964; *Id., 36 Juegos folklóricos*. San José: Ministerio de Educación, 1958, p. 10; José Manuel Sánchez, "Versos folklóricos de la Meseta Central," *Repertorio Americano*, 28 (1948) / B-38.

17. *Mambrú (á)*: Es conocidísimo casi en todas partes como canción infantil. Su difusión americana incluye numerosísimas versiones de Colombia, Nuevo México, México, Guatemala, Nicaragua, Cuba, la República Dominicana, Puerto Rico, Venezuela, Uruguay, Argentina y Chile. Huelga decir que se conoce en toda España (Cataluña, áreas castellanas, las Islas Canarias); parece que sólo en una pequeña área (Tras-os-Montes) penetra en Portugal. El testimonio hispánico más temprano (hacia 1824) de esta canción francesa es de Marruecos, donde también se ha recogido modernamente. *Bibliografía:* Emma Gamboa, *Canciones populares para niños*, San José: Lehmann, 1941, p. 20; María Eugenia Monge O., *El romance en Costa Rica*, tesis, 1946, pp. 55-59 / B-28; RSA-28 / / CMP X-19.

18. *A Atocha va la nina (á-a)*: Esta canción infantil española se ha documentado también en Colombia, Cuba, la República Dominicana, Argentina y Chile. Malcomprendido, el topónimo español se suele convertir en "En coche va la niña…" *Bibliografía:* Emma Gamboa, *Canciones populares para niños*, San José: Lehmann, 1941, p. 9; María Eugenia Monge O., *El romance en Costa Rica*, tesis, 1946, p. 81 / B-29; Garrido (1955), núm. 119; RSA / / Rodríguez-Marín (1951), I, núm. 186.[12]

---

[11] Isaac Levy, *Chants judeo-espagnols*, II (Jerusalén: Édition de l'auteur, 1970).

[12] Francisco Rodríguez Marín, *Cantos populares españoles*, 5 vols. (Madrid: Atlas, [1951]).

19. *Santa Catalina (polias.)*: Está mucho más difundido el romance de lo que indica Beutler. Se conocen versiones de Colombia, Cuba, la República Dominicana, Puerto Rico, Venezuela, Perú, Uruguay, Argentina y Chile. Se conoce también en las tres grandes lenguas peninsulares y se ha pasado modernamente a Marruecos. *Bibliografía*: Emma Gamboa, *Canciones populares para niños*, San José: Lehmann, 1941, p. 11; María Eugenia Monge O., *El romance en Costa Rica*, tesis, 1946, p. 91/B-30; RSA-30//CMP U-9.

20. *La pastora y su gatito (í-o)*: Es ésta una traducción casi literal de una canción infantil francesa (ver Fernández [1966], p. 40;[13] Romero [1971], pp. 383-85), difundida seguramente por medio de las escuelas elementales. Se conoce en toda hispanoamérica, así como en España y Portugal. Su difusión Hispanoamericana incluye Colombia, California, Nuevo México, México, El Salvador, Cuba, Puerto Rico, Perú, Bolivia, Uruguay, Argentina y Chile. *Bibliografía: Lo que se canta en Costa Rica*. San José: Nacional, 1933; novena ed.: Universal, 1970, p. 24; María Eugenia Monge O., *El romance en Costa Rica*, tesis, 1946, pp. 62-63; José Joaquín Vargas Calvo, *Cantos escolares*. San José y Paris: Henry Lemoine, 1907, pp. 8-9/B-31; RSA-31//RPM 355.[14]

21. *Doña Ana (polias.)*: No lo he encontrado en otras tradiciones, aunque es muy probable que no sea exclusivamente costarricense. *Bibliografía*: Carlos Luis Sáenz, *Mulita mayor*, 3rd ed., San José: Editorial Costa Rica, 1971, pp. 139-43.

22. *Arrullos*: Una amplísima bibliografía de canciones de cuna hispanoamericanas la trae Romero (1952), pp. 110-15. *Bibliografía de Costa Rica*: Luis Ferrero Acosta, *La poesía folklórica costarricense*, separata. San José: Trejos, 1964, p. 18; Emma Gamboa, *Versos para niños*. San José: Lehmann, 1941, p. 9; *Lo que se canta en Costa Rica*, San José: Nacional, 1933, pp. 12-13; José Manuel Sánchez, "Versos folklóricos de la meseta central," *Repertorio Americano*, 28 (1948); Salvador Umaña, "Del folklore costarricense," *Repertorio Americano*, 2 (1921), pp. 196-97; pp. 303-04, y reimpreso en *Ande*, núm. 45 (1971), p. 68.

23. *El piojo y la pulga (á)*: Se relaciona con un vasto panorama europeo de canciones sobre bodas de animales (ver CMP). El poema se canta en casi todas las áreas del mundo hispánico. En la América Española se ha recogido en Colombia, California, Nuevo México, Luisiana, México, Guatemala, la República Dominicana, Venezuela, Perú, Argentina y Chile. Se conoce en Cataluña, áreas castellanas de la Penín-

---

[13] Madeleine Fernández, "Romances from the Mexican Tradition of Southern California," *Folklore Américas*, 26 (1966), p. 35-45.
[14] RPM=José María de Cossío y Tomás Maza Solano, *Romancero popular de la montaña*, 2 vols. (Santander, 1933-34).

sula y las Islas Canarias. En fecha reciente ha pasado a Marruecos también. *Bibliografía:* / B-32; RSA-32/ / CMP W-3.

24. *Mañana Domingo*: Es una canción infantil española muy conocida en América. Su difusión incluye Colombia, California, Nuevo México, Cuba, la República Dominicana, Puerto Rico, Venezuela, Argentina y Chile. *Bibliografía*: Luis Ferrero Acosta, *36 Juegos folklóricos*, San José: Ministerio de Educación, 1958, pp. 8-9; Salvador Umaña, "Del folklore costarricense: trozos de un *Cancionero nacional de cuna* que se está recogiendo," *Repertorio Americano*, 2 (1921), p. 197/B-33; RSA-33/ /Rodríguez-Marín [1951], núms. 100-101 y pp. 142-43 para más referencias hispanoamericanas.

25. *Los diez perritos*: Se conoce en Colombia, México, El Salvador, Puerto Rico, Venezuela, Perú, Argentina y Chile. Este cantar de relación también se documenta en versiones españolas. *Bibliografía*: Luis Ferrero Acosta. *36 Juegos folklóricos*, San José: Ministerio de Educación, 1958, pp. 5-6/B-34; RSA-34/ /Schindler (1941), núm. 729 y p. 107, núm. 92.[15]

---

[15] Kurt Schindler, *Folk Music and Poetry of Spain and Portugal* (New York: Hispanic Institute, 1941).

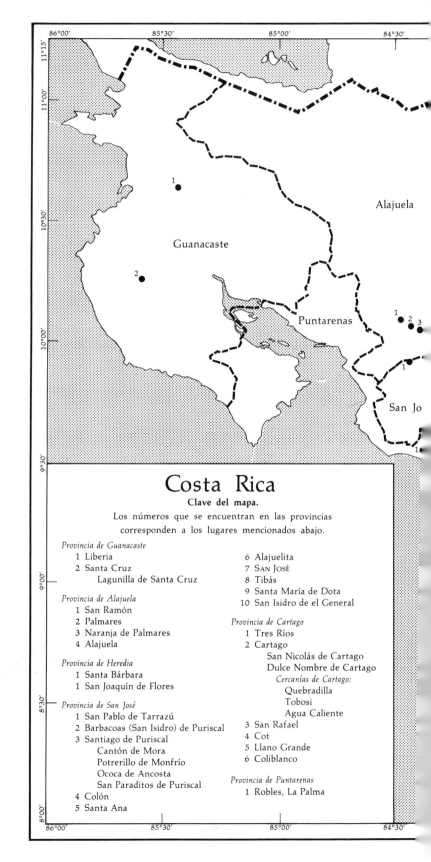

Costa Rica

Clave del mapa.

Los números que se encuentran en las provincias
corresponden a los lugares mencionados abajo.

Provincia de Guanacaste
1 Liberia
2 Santa Cruz
  Lagunilla de Santa Cruz

Provincia de Alajuela
1 San Ramón
2 Palmares
3 Naranja de Palmares
4 Alajuela

Provincia de Heredia
1 Santa Bárbara
1 San Joaquín de Flores

Provincia de San José
1 San Pablo de Tarrazú
2 Barbacoas (San Isidro) de Puriscal
3 Santiago de Puriscal
  Cantón de Mora
  Potrerillo de Monfrío
  Ococa de Ancosta
  San Paraditos de Puriscal
4 Colón
5 Santa Ana

6 Alajuelita
7 SAN JOSÉ
8 Tibás
9 Santa María de Dota
10 San Isidro de el General

Provincia de Cartago
1 Tres Ríos
2 Cartago
  San Nicolás de Cartago
  Dulce Nombre de Cartago
  Cercanías de Cartago:
    Quebradilla
    Tobosi
    Agua Caliente
3 San Rafael
4 Cot
5 Llano Grande
6 Coliblanco

Provincia de Puntarenas
1 Robles, La Palma

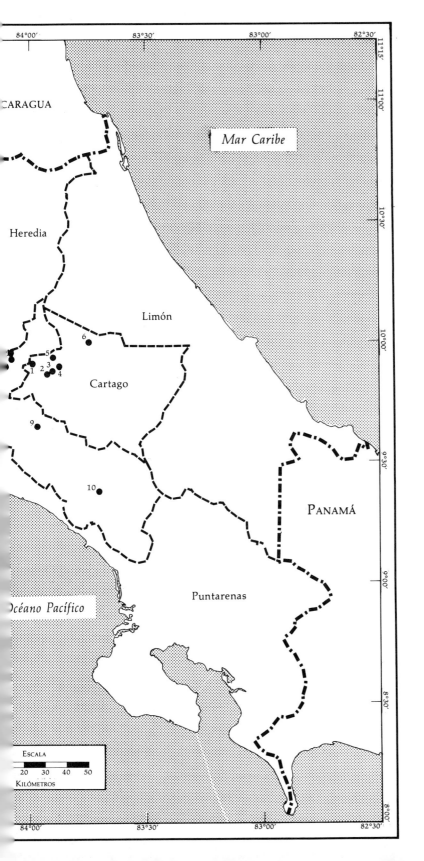

1. ¿Por qué no cantáis la bella
(a lo divino) (é-a)
(1 / J-4)

1a Versión de CARTAGO (Cartago), escrita por una alumna de la Escuela, Colegio San Luis Gonzaga, 13 años, agosto de 1973.

Estaba la Virgen sentada   bajo de una palmera.
2 Sus peines eran de plata   sus cintas de primavera.
Por allí pasó José y dijo:
4 —¿Por qué la Virgen no habla,   por qué la Virgen no implora?
—¿Cómo quieres que hable,   cómo quieres que implore,
6 si tengo un hijo   más blanco que una azucena
que me lo están crucificando   en una cruz de madera?

❧

1b Versión de COT (Cartago), recitada por María Granados, 22 años, el 23 de agosto de 1973.

La Virgen se está peinando   debajo de una palmera.
2 Sus cabellos son de oro;   sus peines de plata era.

1c Versión de ROBLES, LA PALMA (Puntarenas), cantada por Sidey Mena Rojas, 20 años, el 14 de julio de 1979.

❧

La Virgen se está peinando   entre cortina y cortina.
2 Los cabellos son de oro   y el peine de fantasía.
Pero mira como beben   los peces en el río
pero mira como beben   por ver a Dios nacido.
Beben y beben   y vuelven a beber
los peces en el río   por ver a Dios nacer.
La Virgen está lavando   bajo un paquito de jabón.
4 Se la han quemado la mano,   mano de mi corazón.
Pero mira como beben   los peces en el río
pero mira como beben   por ver a Dios nacido.
Beben y beben   y vuelven a beber
los peces en el río   por ver a Dios nacer.

2. La fe del ciego (é)
(2)

2a Versión de SAN JOAQUIN DE FLORES (Heredia), recitada por María
de los Angeles Arias de Soto, 45 años, el 24 de julio de 1979.

Camina la Virgen pura	de Egipto para Belén.
2 A la mitad del camino	el niño tenía sed.
—No pidas agua, mi niño,	no pidas agua, mi bien,
4 que los ríos corren secos	y no hay agua que beber.
En el alto de aquel sierra	hay un viejo naranjel.
6 Un ciego lo está cuidando.	¡Qué no daría por ver!...
El niño, como era niño,	toda las quería coger.
8 La Virgen, como era virgen,	no cogía más que tres.

🌿

2b Versión de HEREDIA (Heredia), recitada por Marjorie Harley de
Cruz, 43 años, el 8 de agosto de 1979.

Camina la Virgen pura	de Egipto para Belén.
2 En la mitad del camino	el niño tenía sed.
Allá arriba en aquel alto	hay un viejo naranjel.
4 Un ciego lo está cuidando;	¡qué diera el ciego para ver!
—Ciego mío, ciego mío,	si una naranja me dieses
6 para la sed de este niño,	un poquito entretener?
—Ay señora, sí señora,	tome ya lo que quisiera.
8 La Virgen, como era Virgen,	no tomó más de tres.
El niño, como era niño,	toda las quería coger.
10 Apenas se va la Virgen,	el ciego comienza a ver.
—¿Quién ha sido esta señora	que me ha hecho tal merced?
12 Ha sido la Virgen pura	que camina d'Egipto para Belén.

🌿

2c Versión de PURISCAL (San José), cantada por Emma Benegas
Salazar, 64 años, el 13 de julio de 1979.

Camina la Virgen pura	de Egipto para Belén,
2 en la borriquita mansa,	que le compró San José.
Lleva a un niño entre los brazos,	y el santo camina a pie.
4 Mas en medio del camino,	el niño tenía sed.
—No pidas agua mi niño,	no pidas agua mi bien,

6 que los ríos vienen turbios,   y no se pueden beber.
  Más arriba en aquel alto   hay un verde naranjel.
8 Hay un ciego que me espera,   es un ciego que no ve.
  —Por Dios, pido al viejo,   así Dios te deje ver,
10 que me des una naranja,   que mi niño tiene sed.
  —Coja la' que a usted le guste,   que toditas son de usted
12 La Virgen por ser tan buena,   n'ha cogido más de tres.
  Una se la dio a su niño,   y otra se la dio a José,
14 y otra se dejó en sus manos,   para la Virgen oler.
  Saliendo de aquel collado,   el ciego comenzó a ver.
16 —¿Quién ha sido esa señora,   que me ha hecho tanto bien?
  Era la Virgen María,   la que al ciego hizo ver.

❧

2d Versión de PURISCAL (San José), cantada por Emma Benegas
Salazar, 64 años, el 13 de julio de 1979.

  Hacia Egipto se camina   María, s'hijo y San José.
2 Lleva un niño entre los brazos   y el santo camina a pie.
  Mas en medio del camino   el niño tenía sed.
4 —No pidas agua, mi niño,   no pida agua mi bien,
  que los ríos vienen trubios   y no se pueden beber.
6 Caminando adelante   hay un verde naranjel.
  Hay un ciego que me espera;   es un ciego que no ve.
8 —Por Dios te pido el viejo,   a si Dios te deje ver,
  que me des una naranja,   que mi niño tiene sed.
10 —Coja la que usted le guste,   que toditas son de usted.
  La Virgen, por ser tan buena,   n'ha cogido más de tres.
12 Una se la dio a su niño   y otra se la dio a José
  y otra se dejó en sus manos   para la Virgen oler.
14 Saliendo de aquel collado   el ciego comenzó a ver.
  —¿Quién ha sido esa señora   que me ha hecho tanto bien?
16 Era la Virgen María   la que al ciego hizo ver.

❧

2e Versión de COT (Cartago), recitada por María Granados, 22
años, el 23 de agosto de 1973.

  Iba la Virgen pura   de Egipto para Belén.
2 En la mitad del camino,   el niño tenía sed.
  Allá arriba en aquel alto,   hay un viejo naranjel.
4 —Naranjero,¿quiere darme una naranja   para este niño que
                                                        tiene sed?

El niño, como era niño, todo las quería coger.
6 La Virgen, como era Virgen, no cogía más que dos.

❧

2f Versión de Cartago (Cartago), recitada por Leda María Cruz de Montero, 34 años, el 17 de julio de 1975..

Camina la Virgen pura de Egipto para Belén.
2 En la mitad del camino el niño tenía sed.
Allá arriba en aquel alto habia un viejo naranjel.
4 Un ciego lo está cuidando, ¡qué diera el ciego por ver!
—Ciego mío, ciego mío ¿si una naranja me dieras
6 para la sed de este niño un poquito entretener?
—Ah, señora, sí señora coged todas que queráis.
8 La Virgen, como era Virgen no cogía más de tres.
El niño, como era niño, todo las quería coger.
10 Apenas se va la Virgen que el ciego comienza a ver.
—¿Quién ha sido esta señora que me ha hecho esta merced?
12 Ha sido la Virgen pura que va de Egipto para Belén.

❧

2g Versión de Cartago (Cartago), cantada por Xiomara Giselle Solano-Rivera, 11 años, el 13 de julio de 1979.

Camina la Virgen pura de Egipto para Belén.
2 En la mitad del camino el niño tenía sed.
.... había un viejo naranjel.
4 El ciego lo está cuidando; ¡qué diera el ciego por ver!
—Ciego mío, ciego mío, ¿si una naranja me dieras
6 para la sed de este niño un poquito entretener?
El niño como era niño, todos las quería coger.
8 La Virgen, como era Virgen nada más de una coger.
Apenas se fue la Virgen el ciego comenzó a ver;
10 —¿Quién ha sido esta señora que me ha hecho tanto bien?
Ha sido la Virgen pura que va de Egipto para Belén.

7b todos [sic]

2h Versión de SAN JOSE (San José), recitada por Mayela Brenes
Palma, 32 años, el 27 de julio de 1979.

Camina la Virgen pura   de Egipto para Belén.
2 En la mitad del camino   el niño tenía sed.
Allá en aquel árbol   hay un viejo naranjal.
4 Un ciego lo está cuidando.   ¡Qué diera el ciego para ver!
—Ciego mío, ciego mío,   si una naranja me dieras
6 para la sed de este niño   un poquito entretener.
—Tome usted las que quisiera.   . . . .
8 La Virgen, como era Virgen,   no tomaba más que tres.
El niño, como era niño,   todo las quería coger.
10 Apenas se va la Virgen   el ciego comienza a ver:
—¿Quién ha sido esa señora   que me ha hecho tal merced?
12 Ha sido la Virgen pura   que va de Egipto para Belén.

2i Versión de CARTAGO (Cartago), recitada por Jenny Sáenz de
Cruz, 59 años, el 17 de julio de 1975.

Camina la Virgen pura   de Egipto para Belén.
2 En la mitad del camino   el niño tenía sed.
Estaba un pobre ciego   cuidando un naranjel.

2j Versión de QUEBRADILLA (Cartago), recitada por Luz Melina
Navarro-Aguilera, 33 años, el 15 de julio de 1975.

Caminito, caminito,   el que lleva Nazaret.
2 Como el calor era tanto,   el niño tenía sed.
Allá bajo a la derecha,   el niño tenía sed.
4 Los ríos bajan turbios   y no hay agua que beber.
Allá bajo a la derecha   hay un lindo naranjal.
6 Naranjal que guarda un ciego,   que aún la luz no ve.
—Dame una naranja   para el niño entretener.
8 —Tómalas, tómalas todas   cuantas hay a menester.
Ella tomaba en una en una   y brotaba en tres en tres.
10 Ya se marchó la señora   y el ciego comienza a ver:
—¿Quién ha sido aquella señora   que me ha hecho tanto
                                                                      bien?
12 Es la Virgen María   otra no podía ser.

3. Delgadina (polias.)
(15 / P-2)

3a Versión de LIBERIA (Guanacaste), cantada por Trinidad Montiel,
48 años, el 5 de agosto de 1979.

Delgadina se paseaba   con sus alas bien cuadradas.
2 Con su manto de hilo de oro   en su pecho le brillaba.
—Delgadina, levantate,   pone tal vestido blanco
4 cuando vayas para misa   no lo vayás adivinando.
Cuando volvia de misa   su papá le platicaba:
6 —Delgadina, hija mía,   yo te quiero para dama.
—Eso sí no lo puedo hacer,   papacito de mi vida,
8 porque tú eres mi padre,   y mi madre tu mujer.
—Vengan los esclavos míos   y echen presa a Delgadina.
10 Remanchan bien los candados   que no se le oiga su voz.
—Papacito de mi vida,   por tu culpa estoy sufriendo,
12 pásame un poquito de agua,   que de sed estoy muriendo.
Cuando el agua le llevaba,   Delgadina estaba muerta,
14 con sus ojitos cerrados,   su boquita media abierta.

✤

3b Versión de CANTON DE MORA (San José), cantada por Zeneida
Corrales Chinchilla, 44 años, el 1 de agosto de 1979.

Delgadina se paseaba   por su sala bien cuadrada
2 Con su talmantito de oro   en su pecho le brillaba.
—Lavantarte, Delgadina,   ponerte el vestido blanco
4 porque nos vamos para misa   al establo del Durazno.
Cuando salieron de misa   su papá le conversaba:
6 —Delgadina, hija mía,   yo te quiero para dama.
—Papacito de mi vida,   eso sí no puedo hacer,
8 porque tú eres mi padre,   y mi madre tu mujer.
—Delgadina, hija mía,   oye lo que te digo,
10 si tú no me lo consientes,   te pondré un buen castigo.
—Papacito de mi vida,   eso sí no puedo hacer,
12 porque tú estás para Dios   y también para mi madre.
Vengan todos los hombres bravos;   hagan presa a
                                                     Delgadina.
14 Cierra bien los candados   que no se oigan la vocina.
—Papacito de mi vida,   tu castigo estoy sufriendo.
16 Regalarme un vaso de agua,   que de sed me estoy
                                                     muriendo.

Cuando le llevaron agua   Delgadina estaba muerta,
18 con sus brazitos cruzados   y su boca bien abierta.
Ya con ésta me despido   con la flor de clavellina.
20 Aquí termina la historia,   la historia de Delgadina.

2a talmantito—una combinación de "talma" y "manto."

🌿

3c Versión de PURISCAL (San José), cantada por Emma Benegas Salazar, 64 años, el 13 de julio de 1979.

Delgadina se paseaba   por su sala bien cuadra'a,
2 con el collarcito de oro   en su pecho le brillaba.
—Levantate, Delgadina,   póngase el vestido blanco,
4 que nos vamos para misa,   al estilo del Durazno.
Cuando salieron de misa,   su papá le conversaba:
6 —Delgadina, hija mía,   yo te quiero para dama.
—Papacito de mi vida,   eso sí no puede ser,
8 porque usted es mi padre,   y mi madre es su mujer.
Papacito de mi vida   de castigo me estoy sufriendo.
10 Alcanzame un vaso de agua,   que de sed me estoy
                              muriendo.
Cuando le alcanzaron el agua   Delgadina estaba muerta,
12 con sus ojitos cerrados   y la boquita entreabierta.
Y con ésta me despido   con la flor del clavellina.
14 Aquí termina la historia,   la historiá de Delgadina.

4b Durazno—quizás una referencia a una familia local.

🌿

3d Versión de PORTRERILLO DE MONTEFRIO (San José), cantada por Adelina Mora, 75 años, el 1 de agosto de 1979.

Delgadina se paseaba   por su salita cuadrada....
2 Papacito de mi vida,   regáleme un vaso de agua,
que me estoy ahogando...

❧

3e Versión de QUEBRADILLA (Cartago), cantada por Ana Silán Molina Navarro, 13 años, el 15 de julio de 1975.

—Delgadina, hijita mía,   yo te quiero para dama.
2 Nunca celos, o'ce 'clavos   y le llevan agua a Delgadina.
Delgadina estaba muerto.   ....
4 Tenía los brazos cruzados   y su boquita abierta.
La cama de Delgadina   de ángeles esta rodeado.
6 Y la cama de su papá   de diablos esta rodeado.
No permita Dios del cielo   ni la Virgen soberana,
8 que es ofensa para Dios   y traición para mi mama.

_____

2a ¿léase *once esclavos?*
8 el verso se repite. La versión está confusa. El orden tradicional
sería versos 1, 7-8, 2-6.

❧

3f Versión de COLIBLANCO (Cartago), cantada por Teófilo Brenes Gómez, 45 años, el 25 de julio de 1979.

—Levantate el Gavina   para que vamos a misa.
2 Cuando salieron de misa   su papá le platicaba,
—Delgadina, hija mía,   yo te quiero para dama....
4 —Ni lo quiera Dios del Cielo,   ni la Reina Soberana;
es ofensa para Dios,   y traición para mi mama....
6 Júntense los doce criados...
Cierren bien las puertas   y remanchen los candados.
8 —Papacito de mi vida,   tu castigo estoy sufriendo.
Regalame un vaso de agua,   que de sed estoy muriendo.
10 Cuando le llevaron el agua,   Delgadina estaba muerta.
Tiene su boquita abierta...

_____

1a el Gavina—Delgadina

4. Blancaflor y Filomena (polias.)
(16/F-1)

4a Versión de LIBERIA (Guanacaste), cantada por Trinidad Montiel, 48 años, el 5 de agosto de 1979.

Santa Fé estaba sentada	a la luz de una candela,
2 con sus dos hijas queridas,	Blancaflor y Filomena.
Vino un galán de Turquía,	enamorado de Filomena.
4 Enamorado de Filomena,	se casó con Blancaflor.
Por casado que se hallaba,	para su tierra se la llevó,
6 y a las nueve meses de casado,	onde su suegra regresó.
—Bienvenido estás, mi yerno,	mi yernito de mi corazón.
8 Dame razón de mi hijita,	de mi hijita, la Blancaflor.
—Pues señorá quedó muy buena,	sólo de parto quedó.
10 Y le manda a suplicar	que le mande a Filomena.
—Mi hijita tomá las llaves,	y vestite de color,
12 que te ha mandado a llamar,	tu hermanita, la Blancaflor.
Por vestida si se hallaba,	a la polca se la montó,
14 y allá por medio camino,	cha ra rá, ta ra rá, ta ra rá.

14 Don Trinidad no quiso terminar la canción porque, según decía, se trataba de cosas demasiado terribles para mencionar.

5. Bernal Frances (Polias.)
(17 / M-9)

5a Versión de Liberia (Guanacaste), cantada por Trinidad Montiel, 48 años, el 5 de agosto de 1979.

    Andando como un di'cuando   por los planes del Quarranca,
2 Allí es donde se encontró,   Benigno con don Fernando.
    Al momento se marchó,   llegó a la casa de Elena;
4 llegó a la casa de Elena,   y la puerta le golpeó.
    Al abrir la media puerta,   Benigno apagó el candil.
6 Se tomaron de las manos,   se fueron a dormir.
    Estando allá acostado,   Elena le dijo así;
8 —Si eres Fernando el Francés,   ¿por qué no me hablas a mí?
    Tú tienes amores en Francia,   ¿o quieres a otra más que a mí?
10 No le temas a mi marido,   porque está lejos de aquí.
    —Ni tengo amores en Francia,   ni quiero a otra más que a ti.
12 Ni le temo a tu marido,   porque te está junto de ti.
    —Perdoname, esposo mío;   perdoname mi desventura,
14 ya no lo hagas por mí,   hacedlo por tus criaturas.
    Ven aquí las casadas,   no les pasen como a mí,
16 con tres tiros de revolver   que su marido le dio.

---

1 el río del lugar se llama "La Barranca"
15 Don Trinidad volvió a cantar estos versos en la manera siguiente:
    Vengan todas las casadas   a tomar ejemplo allí.

❧

5b Versión de Lagunilla de Santa Cruz (Guanacaste), cantada por María Leal de Noguera, 83 años, el 21 de agosto de 1973.

    Benigno mató a Fernando   y al instante se marchó.
2 Llegó a casa de Elena,   tocó la puerta y le habló.
    —Elena, abrime tu puerta   sin ninguna desconfianza.
4 Yo soy Fernando Francés   que vengo desde la Francia.

    . . . .

    —Perdoname, esposo mío;   perdoná mi desventura.
6 Ya no lo hagas por mí,   sino por mis dos criaturas.

. . . .
La pobrecita de Elena,   de que manera murió;
8 de cuatro tiros de revolver   que su marido le dio.
Pongan cuidado, muchachas;   lo que ha pasado a Elena,
10 que la trajo su marido   a morir en tierra ajena.

🌿

5c Versión de SANTA BARBARA (Heredia), cantada por Fidelis María
Jiménez, 74 años, el 24 de julio de 1979.

—Abrime la puerta, Elena,   sin ninguna desconfianza
2 que soy Fernando Marqués,   que vengo de la gran Francia.

🌿

5d Versión de SAN PABLO DE TARRAZU (San José), cantada por Tito
Mora, 76 años, el 14 de julio de 1979.

—Abrime la puerta, Elena,   sin ninguna desconfianza,
2 Que es Benino que ha venido   de la Francia.
Al abrir la puerta Elena,   se les apagó el candil.
4 Se cogieron de las manos,   y se fueron a dormir.

🌿

5e Versión de OCOCA DE ACOSTA (San José), cantada por Julia Castro Mora, 73 años, el 14 de julio de 1979.

—Abrime la puerta, Elena,   sin ninguna desconfianza.
2 Que soy Benigno Francés,   que ahora viene de Francia....
—Perdoname, esposo mío,   llorando tal desventura
4 que lo que no hagáis por mí;   hacedlo por tu criatura.

🌿

5f Versión de OCOCA DE ACOSTA (San José), cantada por Julia Castro Mora, 73 años, el 14 de julio de 1979.

—Abrime la puerta, Elena;   no me tengas desconfianza.
2 Que soy Francisco Francés,   que ya vengo de la Francia.

5g Versión de SAN PARADITOS DE PURISCAL (San José), cantada por Librada Jiménez, 77 años, el 1 de agosto de 1979.

```
    —Abrime la puerta, Elena,     sin ninguna desconfianza,
  2 que soy Fernando Francés      que viene de la Francia.
    Abrió la puerta, Elena;    se le apagó el candil.
  4 Se juntaron de las manos     y se fueron a dormir.
    Allí estaban acostados,     le dice Elena así:
  6 —Si tienes amores en Francia    ¡por qué quieres otras más
                                                    que a mí?
    —No tengo amores en Francia,    no tengo más que a tí.
  8 Estabas acostado con Fernando,    Fernando tu marido....
```

❧

5h Versión de POTRERILLO DE MONTEFRIO (San José), cantada por Adelina Mora, 75 años, el 1 de agosto de 1979.

```
    —Abrime la puerta, Elena;     no me tengas desconfianza,
  2 que soy Fernando Francés;     que esta hora vengo de Francia.
    Salió Elena a abrir la puerta     y se le apagó el candil.
  4 Se agarron de las manos     y se fueron a dormir.
                    . . . .
    Pobrecita Elena     con que martires murió
  6 con cinco tiros de revolver    que su marido le dio.
    Pobrecitas sus criaturas,     llévenselas a su abuela.
  8 Si preguntan por Elena,     decidles que tú no sabes.
```

❧

5i Versión de SANTA ANA (San José), cantada por Crisante Jiménez Rojas Villegas, 69 años, el 19 de julio de 1979.

```
    —Abrime la puerta, Elena,     sin ninguna desconfianza,
  2 —¿Qué es?,—Pedro Ramírez,     que viene de la Francia.
```

❧

5j Versión de VILLA COLON (San José), cantada por Petronila Aguilar Guerrero, 76 años, el 20 de julio de 1979.

```
    —Abríme la puerta, Elena,     sin ninguna desconfianza,
  2 que soy Fernando Marqués,     que venía de la Francia.
```

Al abrir la puerta Elena, se les apagó el candil.
4 Junto se dieron la mano y se fueron a dormir.

5k Versión de ALAJUELITA (San José), cantada por Natalina Agüero
Castro, 80 años, el 14 de julio de 1979.

—Abrime la puerta, Elena, sin ninguna desconfianza,
2 que soy Fernando Barquero que vengo arrimando de
           Francia.

5l Versión de SANTA MARIA DE DOTA (San José), cantada por Julio
León, 76 años, el 15 de julio de 1979.

—Abrime la puerta, Elena, sin ninguna desconfianza,
2 que soy Fernando Francés que vengo de la Francia.
Al abrirle la puerta, Elena, entonces se apagó el candil.
4 Se cogieron de las manos y se fueron a dormir.

5m Versión de CARTAGO (Cartago), cantada por Emilia Prieto, 73
años, el 11 de julio de 1975.

En un porfundo barranco, no sé como ni cuando,
2 allí se dieron las manos Benino con don Fernando.
Benino mató al francés; de momento se marchó.
4 Llegó a las puertas de Elena, llegó, llegó y tocó.
—Elena abrime la puerta, sin ninguna descomfianza,
6 que soy Fernando el Francés, que vengo de la Francia.
Y a Elena al abrir la puerta, se le apagó la candela.
8 Se cogieron de las manos, y se fueron a acostar.
Y estando ya acostados, le preguntó Elena así:
10 —Si sos Fernando el Francés, ¿por qué no me hablas a mí?
¿Tenés amores en Francia, querés otra más que a mí?
12 Le temés a mi marido que está muy largo de aguí!
—No tengo amores en Francia; ni quiero otra más que a ti.
14 Ni le temo a tu marido que está al lado de ti.
—Perdonáme esposo mío; perdoná mi desventura.
16 No lo hagas por mí, Benino; hacelo por tus criaturas.
Y ay, ay, ay, la pobre Elena, ay que triste que murió,

18 de tres tiros de revolver   que su marido le dio.
   Y cojan estos chiquillos.   llevénselos a la abuela.
20 Si preguntan por la máma,   díganles que se murió.

---

5 descomfianza [sic]

≈

5n Versión de Cartago (Cartago), cantada por Gonzalo Cruz-
Mena, 60 años, el 15 de agosto de 1973.

—Abrime la puerta, Elena,   sin ninguna desconfianza,
2 que soy tu querido Fernando   que viene desde Francia.

≈

5o Versión de Quebradilla (Cartago), cantada por Teresa Aguilera, 53 años, el 15 de julio de 1975.

—Abrime la puerta, Elena,   sin ninguna descomfianza,
2 que soy Bernardo el Francés,   sí hoy vengo de la Francia.
   Abriendo la puerta, Elena,   se le apagó el candil.
4 Como cogieron de los brazos   y se fueron a dormir.
   Estando acostados juntos,   Elena le dice así:
6 —¡Tendrés amores en Francia,   no te han dicho nada de mí!
   —No tengo amores en Francia,
8 —Solo siento a mi marido........
   .... que bien me encuentro aquí.
10 Elena, al oír de esto,   en un baile se escapó.
   En tres tiros de revolver   su marido la mató.

---

1 descomfianza [sic].

≈

5p Versión de Coliblanco (Cartago), cantada por Edgar Mora, 28
años, el 23 de agosto de 1973.

—Abridme la puerta, Elena,   sin ninguna desconfianza,
2 que soy Fernando el Francés,   que ahorita llego de Francia.
   —¿Quién es ese caballero   que mis puertas manda a abrir?

4 Mis puertas se hallan cerradas.   Muchacho, enciende el
                                                               candil.
  Al abrir la media puerta,   se nos apaga el candil.
6 Se tomaron de la mano   y se fueron al jardín.
  —¿Qué tenés, hombre, Benito,   que vienes tan enojado?
8 ¿Qué te andas creyendo tú   de chismes que te han contado?
  Benito, sin contestarle,   tomó la pistola en mano
10 y dándole un tiro en las sienes,   la despachó con su
                                                               hermano.
  Ya con ésta me despido   sin ninguna desconfianza,
12 que soy Fernando el Francés   que ahorita llega de Francia.

༷

5q Versión de AGUA CALIENTE (Cartago), recitada de José Martín
   Arce-Loiza, 50 años, el 15 de julio de 1975.

  El lunes por cierto fue,   el principio de la semana.
2 Me vengo a despedir   de mi Marina el alma.
  Al abrirle la puerta Elena,   se le apagó el candil.
4 Se tomaron de las manos   y se fueron a dormir.
  Estaban acostadillos   cuando le habla Elena así:
6 —Si sois Fernando Barquero,   ¿por qué no me habláis a mí?
  Si tienéis amores en Francia;   si queréis otra más que a mí
8 No temés a tu marido   que está lejos de aquí

༷

5r Versión de SAN NICOLAS (Cartago), cantada por Gloria Trejos,
   62 años, el 13 de julio de 1979.

  —Abrime la puerta, Elena,   sin ninguna desconfianza,
2 que soy Fernando el Francés   que vengo de la Francia.
  —Si sos Fernando el Francés,   ¿por qué no me hablas a mí?
4 —Yo te maté tu marido   de tres tiros de revolver
  sin haber por qué...

6. La Vuelta Del Marido (é)
(18 / I-4)

6a Versión de Liberia (Guanacaste), cantada por Dennis Baltodano
Muñoz, 49 años, el 4 de agosto de 1979.

Qué bonito el soldadito   paradito en el cuartel,
2 con el fusilito al hombro   esperando al coronel.
—Dígame, señor soldado,   ¿de la guerra viene usted?
4 —Sí, señora, de allí vengo;   ¿por qué me pregunta usted?
—No me ha visto a mi marido   que hace un año que se fue.
6 —No, señora, no lo he visto;   dígame las señas de él.
—El es alto y delgadito,   tiene tipo de francés,
8 y en el cuello de la camisa   lleva el nombre de Isabel.
—Sí, señora, sí lo he visto;   hace un año que murió.
10 Y en el testamento puso   que se case usted con yo.
—¡Dios me libre, Dios me guarde,   y la Virgen Santa Inés!
12 ¡Qué ya muerto mi marido   me case otra vez!

❧

6b Versión de Liberia (Guanacaste), cantada por Adela Muñoz
Rovera, 82 años, el 4 de agosto de 1979.

Qué bonito el soldadito   paradito en el cuartel,
2 con su fusilito al hombro   esperando al coronel.
—Dígame, señor soldado,   ¿de la guerra viene usted?
4 —Sí, señora, de allá vengo;   ¿y por qué me pregunta usted?
—No me ha visto a mi marido   y hace un año que se fue.
6 —Sí, señora si lo he visto;   déme las señas de él.
—Era alto y delgadito   con el habla muy cortés;
8 y en el puño de la camisa   tiene el nombre de Isabel.
—Sí, señora, si lo he visto;   y hace un año que murió.
10 Y en su testameno dice   que se case usted con yo.
—¡Dios me libre, Dios me guarde,   y la Virgen Santa Inés!
12 ¡que mi maridito muerto,   y yo casarme segunda vez!

❧

6c Versión de SANTA CRUZ DE GUANACASTE (Guanacaste), cantada
   por Marta Vásquez-Chávez, 50 años, el 21 de agosto de 1973.

       —¿Para dónde va usted, señora,   para dónde, pobre de ti?
    2 —Voy en busca de mi marido   que hace tiempo lo perdí.
       —Deme las señas, señora,   para poderlo conocer.
    4 —Mi marido es alto y grueso;   viste bálsamo francés.
       —Por la seña que usted me ha dado,   su marido muerto es;
    6 en la guerra con los moros;   un camello lo mató.
       —Quince años lo he esperado   y otros quince lo esperaré.
    8 Si a los treinta no regresa,   yo de monja me meteré.
       Y la chíquita que tengo,   a un convento la meteré,
   10 a que rece por su padre   que en la guerra muerto es.
       Y el chiquito que tengo,   al rey se lo entregaré,
   12 pa'que luche por la patria   donde su padre murió.

1-2 contaminación de *Alfonso XII*.

❧

6d Versión de SANTA CRUZ DE GUANACASTE (Guanacaste), cantada
   por Lidia Rosales de Brenés, 55 años, el 21 de agosto de 1973.

       ¡Qué bonito el soldadito!   paradito en el cuartel,
    2 con su fusilito al hombro   esperando al coronel.
       —Dígame, señor soldado,   ¿de la guerra viene usted?
    4 —Sí, señora, de allá vengo,   ¿por qué me pregunta usted?
       —Si no ha visto a mi marido,   que hace un año que se fue.
    6 —No, señora, no lo he visto;   deme usted las señas de él.
       —Es altito y delgadito,   con su alita muy cortés,
    8 montado en caballo moro,   que le dio el señor francés.
       —Sí, señora, sí lo he visto   y hace un año que murió.
   10 Y en el testamento dice   que se case usted con yo.
       —¡Yo! ¡Dios me libre, Dios me guarde,   y la Virgen Santa
                                                            Inés!
   12 ¡después de muerto mi marido   casarme por segunda vez!

❧

6e Versión de LAGUNILLA DE SANTA CRUZ (Guanacaste), cantada por
   Donatila Leiba, 55 años, el 5 de agosto de 1979.

       Qué bonito el soldadito   paradito en el cuartel,
    2 con su fusilito al hombro   que parece al coronel.
       —Dígame, señor soldado,   ¿de la guerra viene usted?

4 —Sí, señora, de allá vengo, y ¿por qué me pregunta usted?
—No me ha visto a mi marido que hace un año que se fue.
6 —No, señora, no lo he visto; deme usted las señas de él.
—Es altito, delgadito, con su hablita muy cortés,
8 montadito en un caballo moro que le dio el señor francés.
—Sí, señora, si lo he visto; hace un año que murió.
10 Y en el testamento dijo que se case usted con yo.
—¡Dios me libre, Dios me guarde y la Virgen Santa Inés!
12 ¡Qué por muerto mi marido yo me case por segunda vez!

6f Versión de ALAJUELA (Alajuela), cantada por Nuria Chávez-Bega, 27 años, el 14 de julio de 1979.

Pobrecito el soldadito, paradito en el cuartel,
2 con su riflicito al hombro esperando al coronel.
—Dígame, señor soldado, ¿de la guerra viene usted?
4 —Sí, señora, de allá vengo, ¿por qué me pregunta usted?
Si no ha visto a mi marido, que hace un año que se fue.
6 —No, señora, no lo he visto, dígame las señas de él.
—El es alto y delgadito, tiene tipo de francés.
8 En el cuello de la camisa tiene el nombre de Isabel.
—Sí, señora, sí lo he visto; Hace mucho que se murió.
10 En el testamento puso que se case usted con yo.
—¡Dios me libre, Dios me guarde, de la Virgen Santa Inés!
12 ¡Qué por muerto mi marido, casarme segunda vez!
Ahora voy para'l mercado a hacer que compra verdura,
14 para que toda la gente diga qué guapa quedó la viuda.

6g Versión de SANTA BARBARA (Heredia), cantada por Fidelis María Jiménez, 74 años, el 24 de julio de 1979.

Qué bonito el soldadito paradito en el cuartel,
2 con el riflicito al hombro esperando el coronel.
—Dígame, señor soldado, ¿de la guerra viene usted?
4 —Sí, señora, de allá vengo; ¿por qué me pregunta usted?
—No me ha visto a mi marido, que hace un año que se fue.
6 —No, señora, no lo he visto; déme usted las señas de él.
Es altito, delgadito, tiene el habla muy cortés.
8 Y en el cuello de la camisa lleva el nombre de Isabel.
Sí, señora, si lo he visto; hace un año que murió.

10 Y en el testamento dijo   que se case usted con yo.
¡Dios me libre, Dios me guarde,   y la Virgen Santa Inés!
12 ¡Que por muerto mi marido   casarme yo segunda vez!
—Yo soy rico;   tengo haciendas de café,
14 mucho oro, mucha plata   todo eso es para usted.
—Yo no estoy interesada   en todo eso que tiene usted
16 Aquí está mi blanca mano,   de ella puede disponer.

❧

6h Versión de SAN PEDRO DE BARBARA (Heredia), cantada por Virgita González Penaranda, 45 años, el 24 de julio de 1979.

Qué bonito el soldadito   paradito en su cuartel,
2 con su fusilito al hombro   esperando el coronel.
—Dígame, señor soldado,   ¿de la guerra viene usted?
4 —Sí, señora, de allá vengo.   ¿Por qué me pregunta usted?
—No me ha visto a mi marido,   que hace un año que se fue.
6 —No, señora, no lo he visto;   dígame las señas de él.
—Mi marido es alto y grueso   con especia muy cortés.
8 y en el cuello de la camisa   lleva el nombre de Isabel.
—Sí, señora, si lo he visto;   hace un año que murió
10 y en el testamento puso   que se case usted con yo.
¡Dios me libre, Dios me guarde,   qué me libre Santa Inés!
12 ¡Ya por muerto de mi marido   casarme por segunda vez!

❧

6i Versión de PURISCAL (San José), cantada por Emma Benegas Salazar, 64 años, el 13 de julio de 1979.

Qué bonito el soldadito,   paradito en el cuartel,
2 con su fusilito al hombro   esperando el coronel.
—Dígame, señor soldado,   ¿de la guerra viene usted?
4 —Sí, señora, de allá vengo,   ¿por qué me pregunta usted?
—No me ha visto a mi marido,   que hace un año se me fue.
6 —No, señora, no lo he visto;   deme usted las señas de él.
—El es alto, delgadito,   tiene tipo de francés
8 y en el cuello de la camisa   carga el nombre de Isabel.
—Sí, señora, sí lo vi;   hace un año se murió
10 y en el testamento dice   que se case usted con yo.
—¡Dios me libre, Dios me guarde   y la Virgen Santa Inés!
12 Que yo, muerto mi marido   me case segunda vez!
Dos chiquitas que yo tengo   al convento las pondré,

14 a que recen por su padre,   por su padre que se fue.
    Ya me voy para el mercado,   a ver si compro verdura,
16 para que la gente diga   que guapa quedó la viuda.

                              ❧

6j Versión de PURISCAL (San José), cantada por María Calderón Val-
    verde, 44 años, el 1 de agosto de 1979.

    Qué bonito el soldadito   paradito en el cuartel,
2 con su riflicito al hombro   esperando al coronel.
    —Dígame, señor soldado,   ¿de la guerra viene usted?
4 —Sí, señora, de allá vengo;   ¿por qué me pregunta usted?
    —Si no ha visto a mi marido,   que hace un año que se fue.
6 Y en el cuello de la camisa   carga el nombre de Isabel.
    —Sí, señora, si lo vide;   es un año que murió
8 y él me dejó dicho   que se case usted con yo.
    ¡Dios me guarde y Dios me libre,   y la Virgen Santa Inés,
10 viendo muerto mi marido   casarme segunda vez!
    Ya me voy p'a mercadito,   a comprame las verduras,
12 p'a que los muchachos digan,   —¡qué hermosa quedó la
                                                              viuda!

────────────

7a vide [sic]

                              ❧

6k Versión de SAN ISIDRO DE PURISCAL O BARBACOAS (San José), can-
    tada por Leticia Salazar Fonseca, 13 años, el 1 de agosto de 1979.

    Qué bonito el soldadito   paradito en el cuartel,
2 con su riflicito al hombro   esperando al coronel.
    —Dígame, señor soldado,   ¿de la guerra viene usted?
4 —Sí, señora, de allá vengo,   ¿por qué me pregunta usted?
    —No has visto a mi marido,   que hace un año que se fue.
6 —No, señora, no recuerdo;   deme unas señas de él.
    —Mi marido es alto y grueso   con estilo de francés,
8 y en el cuello de la camisa,   lleva el nombre de Isabel.
    —Si, señora, ya recuerdo;   hace un año que murió.
10 Y en el testamento dijo   que se case usted con yo!
    ¡Dios me libre, Dios me guarde,   y la Virgen de Santa Inés!
12 ¡Que por muerto mi marido   casarme segunda vez!
    —Yo tengo oro y mucha plata,   y manzanas de café.

14 Si usted se casa conmigo   todo eso será de usted.
    Nos iremos p'a el mercado   y en son de comprar verdura,
16 p'a que toda la gente diga   ¡Qué guapa quedó la viuda!

❧

6l Versión de SAN ISIDRO O BARBACOAS DE PURISCAL (San José), cantada por Blanca Gómez Fallas, 23 años, el 1 de agosto de 1979.

    Qué bonito el soldadito   paradito en el cuartel,
2 con su fusilito al hombro   esperando al coronel.
    —Dígame, señor soldado,   ¿de la guerra viene usted?
4 —Sí, señora, de allá vengo,   ¿por qué me pregunta usted?
    —Si no ha visto a mi marido,   que hace un año que se fue.
6 —No, señora, no lo he visto;   ¿qué señas me da usted?
    —Es altito y delgadito,   tiene tipo de francés,
8 y en el cuello de la camisa   lleva el nombre de Isabel.
    —Sí, señora, si lo he visto;   hace un año que murió.
10 Y en el testamento dijo,   que se case usted con mí.
    Dios me libre, Dios me guarde,   y la Virgen Santa Inés!
12 Después de haber muerto mi marido   casame por segunda
                                                       vez!
    Dos hijitos que yo tengo   la convento los pondré
14 a que recen por su padre   por su padre que murió.
    —Tengo plata, tengo oro,   y hacienda de café;
16 y si usted me da la mano,   eso queda para usted

❧

6m Versión de SAN RAFAEL DE CARTAGO (Cartago), cantada por Elia Mora Agüero de Calderón, 68 años, el 21 de julio de 1979.

    ¿Dónde va, pobre señora;   dónde va, tan triste así?
2 —Voy en busca de me marido,   que hace tiempo lo perdí.
    —Deme usted algunas señas;   pude haberlo conocido.
4 —Mi marido es alto y grueso,   viste y calza a lo francés.
    En el cuello de la camisa   lleva el nombre de Isabel.
6 —Sí, señora, si lo he visto.........
    Por las señas que me da,   su marido muerto es,
8 en la guerra de los moros,   en casa del cielo ve.
    Quince años lo he esperado;   otros quince lo esperaré.
10 Si a los treinta no viniere,   de monja me meteré.
    La dos hembritas que tengo   al convento las meteré,
12 para que recen por su padre   que en la guerra muerto es.
    Y el varoncito que tengo   a un rey lo entregaré,

14 para que recienda la patria   donde su padre murió.
   —No se apriesa usted, señora,   no se apriesa usted por él.
16 Si necesita marido,   aquí le tiene usted.
   —No sea usted tan caballero,   no sea usted tan descortés,
18 que aunque pobre y desgraciada,   no necesito de usted.
   Aquí se acaban los versos   de aquella infeliz mujer,
20 que hablandó con su marido   sin poderlo conocer.

1-2 contaminación con *Alfonso XII*

❧

6n Versión de Quebradilla (Cartago), cantada por Teresa Aguilera,
    53 años, el 15 de julio de 1975.

   Qué bonito el soldadito,   paradito en el cuartel,
2 con su fusilito al hombro   esperando al coronel.
   —¿De dónde viene usté, señora?   —De la guerra vengo yo.
4 —Se ha visto a mi marido   que hace un año se perdió.
   —Si señora, si lo he visto;   déme alguna seña de él.
6 —Mi marido es altito y delgadito...
   en el cuello de la camisa   trae el nombre de Isabel.
8 —Por la seña que usted me ha dado...
   En el testamento puso   que me case con usted.
10 —¡Dios me libre, Dios me guarde,   y la Virgen Santa Inés!
   ¡Que por muerto mi marido   casarme por primera y segunda
                                               vez!

❧

6o Versión de Quebradilla (Cartago), cantada por Luz Melina
    Navarro-Aguilera, 33 años, el 15 de julio de 1975.

   —¿De adónde viene usté, Señora?   —De la guerra vengo
                                             yo,
2 de buscar a mi marido   que hace un año se perdió...
   —Sí Señora, me la pregunta...
4 —Mi marido es alto y grueso,   tiene el tipo del francés.
   Y del cuello de la camisa   trae el nombre de Isabel.
6 —Sí, Señora, sí lo vi;   hace un año que murió,
   y en el testamento puso   que se case usté con yo.
8 —¡Dios me libre, Dios me guarde   y la Virgen Santa Inés;
   que por muerto mi marido   casarme segunda vez!

6p Versión de CARTAGO (Cartago), cantada por Gabriela Alejandre Sáenz, 10 años, el 20 de julio de 1979.

Pobrecito el soldadito,   paradito en su cuartel,
2 con su fusilito al hombro   esperando al coronel.
—Dígame, señor soldado, ¿de dónde viene usted?
4 —Yo vengo de la guerra. ¿Por qué me pregunta usted?
—Por si ha visto a mi marido;   hace un año que se fue.
6 —No, señora, no lo he visto;   déme las señas de él.
—El es alto y delgadito   con estilo de francés.
8 En la cuerva del sombrero   lleva el nombre de Isabel
—Sí, señora, sí lo he visto;   hace un año que murió.
10 Y en el testamento puso   que se casara usted con yo!
¡Dios me libre, Dios me guarde   y la Santa Reina Inés!
12 ¡Por muerto de mi marido   casarme por segunda vez!
Ya me voy para el mercado,   p'a hacer que comprar
                     verdura,
14 p'a que digan los muchachos,   ¡qué guapa que está la viuda!
Ya me voy para el mercado,   p'a hacer que comprar café,
16 p'a que dicen los muchachos   ¡qué guapa que está usted!

🌿

6q Versión de CARTAGO (Cartago), cantada por Francisca Solano de Guevara, 54 años, el 16 de julio de 1979.

Qué bonito el soldadito,   paradito en el cuartel,
2 con su fusilito al hombro   saludando al coronel.
—Dígame, señor soldado,   ¿de la guerra viene usted?
4 —Sí, señora, de allá vengo,   ¿por qué me pregunta usted?
—No he visto a mi marido,   hace un año que se fue.
6 —No, señora, no lo he visto;   deme algunas señas de él.
—Mi marido es alto y flaco,   tiene tipo del francés
8 y en el cuello de la camisa   lleva el nombre de Isabel.
—Sí, señora, sí lo he visto,   hace un año que murió.
10 Y en el testamento dice   que se case usted con yo.
—¡Dios me guarde, Dios me libre,   y la Virgen Santa Inés!
12 ¡Que por muerto mi marido,   casarme segunda vez!
Ya me voy para el mercado   y en son de comprar verduras
14 p'a que digan los muchachos   ¡qué guapa quedó la viuda!

6r Versión de AGUA CALIENTE (Cartago), recitada por José Martín
Arce-Loiza, 50 años, el 15 de julio de 1975.

—Dígame, señor soldado,   ¿de la guerra viene usted?
2 —Sí, señora, de allá vengo,   ¿por qué me pregunta usted?
—Que si no ha visto a mi marido   que hace un año que se
                                                    fue.
4 —No señora, no lo he visto;   deme usted las señas de él.
—Es altito y delgadito   y su habla muy cuartel,
6 montado en su caballito moro   que le dio el rey francés.
—Sí, señora, sí lo vi;   de hace un año que murió
8 y en su testamento dijo   que se case usted con yo.
—¡Dios me libre, Dios me guarde   y la Virgen Santa Inés,
10 que por muerto mi marido   casarme segunda vez!

_____

5b ¿*Léase* cortés?

                              ❧

6s Versión de DULCE NOMBRE DE CARTAGO (Cartago), cantada por
María Villalta-Villalta, 13 años, el 15 de julio de 1975.

Qué bonito el soldadito,   paradito en el cuartel,
2 con su alito al hombro   esperando al coronel.
—Dígame, señor soldado,   ¿de la guerra viene usted?
4 No me ha visto a mi marido,   que hace años que se fue.
—Si señora, yo lo vi;   en la guerra murió.
6 En el testamento dijo   me casara con usted.
—¡Dios me libre,   Dios me libre,   la Virgen Santa Inés!
8 Ya se murió mi marido;   casarme por segunda vez!

_____

2 alito [*sic*]

7. La recien casada (polias.)
(24 / I-4)

7a Versión de AGUA CALIENTE (Cartago), cantada por José Martín
Arce-Loiza, 50 años, el 15 de julio de 1975.

Yo soy la recien casada,   de mí; no hay de gozarán.
2 Abandoné a mi marido   por coger la libertad.

1b gozarán [sic]; léase de mí naide gozará.

8. Marinero al agua (á-a)
(19/U-3)

8a Versión de Cot (Cartago), recitada por María Granados, 22 años, el 23 de agosto de 1973.

Entre San Pedro y San Pablo,   hicieron un barco nuevo.
2 El barco era de oro;   su casco de cero.
Una noche muy oscura,   cayó un marinero al agua.
4 Se le presente el demonio,   diciéndole estas palabras,
—¿Qué me darás, marinero,   por que te saque del agua?
6 —Yo te daré mi navío   cargado de oro y de plata.
—Yo no quiero tu navío,   ni tu oro, ni tu plata.
8 Yo quiero que cuando mueras,   a mí me entregues el alma.
—El alma la entrega a Dios;   el cuerpo al agua salada,
10 y mi mujer y mis hijos,   a la Virgen soberana.

9. Alfonso doce (í)
(22 / J-2)

9a Versión de SANTA BARBARA (Heredia), cantada por Fidelis María
Jiménez, 74 años, el 24 de julio de 1979.

—¿Dónde vas, Alfonso dos,   dónde vas, pobre de ti?
2 —Voy a buscar a Merceditas,   que ayer tarde la perdí.
Al subir los escalones   Alfonso se desmayó.
4 Y le dicen los soldados: —Alfonso, tené valor.
Ya las lámparas del palacio   ya no quieren alumbrar
6 porque se murió Mercedes   y luto quieren quedar.
Se acabó la flor de abril;   se acabó la flor de mayo;
8 se acabó la que reinaba   por las calles de Madrid.

🌿

9b Versión de VILLA COLON (San José), cantada por Petronila
Aguilar Guerrero, 76 años, el 20 de julio de 1979.

¿Dónde vas, Alfonso doce,   dónde vas, pobre de tí?
2 Voy en busca de Mercedes,   que ayer tarde la perdí.
Ya Mercedes ya murió;   ya la llevan a enterrar.
4 Cuatro coches la llevaron   por las calles de Madrid.

🌿

9c Versión de COLIMA DE TIBÁS (San José), cantada por Lía Lobo de
Guerrero, 58 años, el 19 de julio de 1979.

¿Dónde vas, Alfonso doce,   ¿dónde vas, pobre de tí?
2 —Voy en busca de Mercedes,   que ayer tarde la perdí.

🌿

9d Versión de CARTAGO (Cartago), cantada por Gonzalo Cruz-
Mena, 60 años, el 15 de agosto de 1973.

¿Dónde vas, Alfonso doce,   ¿dónde vas, pobre de ti?
2 —Voy en busca de Mercedes,   que ayer tarde la perdí.
—Ya Mercedes no está aquí.   Ya la llevan a enterrar
4 cuatro zopilotes la paseaban   por las calles de Madrid.

9e Versión de CARTAGO (Cartago), cantada por Jorge Alberto Cruz-
Sáenz, 21 años, el 15 de agosto de 1973.

    ¿A dónde vas, Alfonso doce,   a dónde vas, pobre de ti?
2   —Voy en busca de Mercedes,   que anteanoche la perdí.
    Ya Mercedes se murío   ya Mercedes no está aquí.
4   La llevaron cuatro duques   por las calles de Madrid.

9f Versión de CARTAGO (Cartago), cantada por Juan de Dios Trejos-
Solano, 65 años, el 26 de agosto de 1973.

    ¿Adónde vas, Alfonso doce,   ¿adónde vas, pobre de ti?
2   —Voy en busca de Mercedes,   que anteanoche la perdí.
    Ya Mercedes se murió,   ya Mercedes no está aquí.
4   La llevaron cuatro duques   por las calles de Madrid.

9g Versión de CARTAGO (Cartago), cantada por Emilia Prieto, 73
años, el 11 de julio de 1975.

    —¿Dónde vas Alfonso doce,   ¿dónde vas, pobre de ti?
2   —Voy en busca de Mercedes,   que ayer tarde la perdí.

9h Versión de CARTAGO (Cartago), cantada por Flora Campos
Guevara, 56 años, el 16 de julio de 1975.

    ¿Dónde vas, Alfonso doce,   ¿dónde vas, pobre de ti?
2   Anda en busca de Mercedes,   que ayer tarde la perdí.
    A Mercedes la llevaron,   la llevaron a enterrar.
4   Ve, cuatro zopilotes   y un ratón de sacristán.

9i Versión de CARTAGO (Cartago), cantada por Jenny Sáenz de
Cruz, 59 años, el 17 de julio de 1975.

    ¿Dónde vas Alfonso doce,   dónde vas pobre de ti?
2   Anda en busca de Mercedes,   que ayer tarde la perdí.
    A Mercedes la llevaba   la llevaba a enterrar
4   entre cuatro zopilotes   y un ratón de sacristán.

10. Escogiendo novia (é)
(23 / S-15)

10a Versión de SAN ISIDRO DE PURISCAL O BARBACOAS (San José), cantada por Leticia Salazar Fonseca, 13 años, el llero de agosto de 1979.

```
    Hilitos, hilitos de oro      que se me vienen quebrando,
 2  que mandan decir el rey      ¿que cuántas hijas tenéis?
    Que tenga las que tuviera,   que nada le importa al rey.
 4  —Ya me voy desesperada       a darle la nueva al rey.
    —¡Vuelva, vuelva, caballero! ¡No sea tan descortés!
 6  De las tres hijas que tengo, escoja la más mujer.
    —No la quiero por bonita,    ni la quiero por mujer.
 8  Lo que quiero es una rosa     acabada de nacer.
    Hilitos, hilitos de oro      que se me vienen quebrando,
10  que manda decir el rey       ¿que cuántas hijas tenéis?
```

10b Versión de COT (Cartago), recitada por María Granados, 22 años, el 23 de agosto de 1973.

```
    Hilitos, hilitos de oro,     ¿qué manda a decir al rey?
 2  ........¿Qué cuántos hijas tenéis?
    —De las hijas que yo tengo,........
 4  escoge la más bonita     y escoge la más mujer.
    —Ésta escojo por bonita,     y ésta escojo por mujer,
 6  Parece una amapolita...
```

11. Don Gato (á-o)
(25 / W-1)

11a Versión de SAN JOAQUIN DE FLORES (Heredia), recitada por María
Nela Soto Arias, 5 años, el 24 de julio de 1979.

    Estaba el Señor don Gato   en silla de oro sentado,
2 calzando media de seda,   zapatito calado,
    cuando llegó la noticia   que había de ser casado,
4 con una gatita rubia,   hija de un gato dorado.
    Don Gato, con alegría,   subió a bailar al tejado.
6 Tropezó con la veleta   y rodando vino abajo.
    Se rompió siete costillas   y la puntita del rabo.
8 Ya llaman a los doctores,   sangrador y cirujano.
    Uno les toman el pulso,   otro le mienda el rabo.
10 Todos dicen en una voz,   —Muy mal está el Señor don
                                Gato.
    A la mañana siguiente   ya van todos a enterrarlo.
12 Los ratones de contentos,   se visten de colorado.
    Las gatas se ponen de luto;   los gatos capotes pardos,
14 y los gatitos pequeños   lloraban, miau, miau, miau.
    Ya lo llevan a enterrar   por la calle del pescado;
16 a lo largo de los jardines   don Gato ha de estar.
    Los ratones corren, corren;   detrás de ellos corre el gato.

11b Versión de SAN PABLO DE TARRAZÚ (San José), cantada por Tito
Mora, 76 años, el 14 de julio de 1979.

    Estaba un señor Gato   sentadito en su tejado,
2 con sus medias amarillas   y el zapatillo rayado.
    Y a ver el señor Gato,   con sus ojos relumbrantes,
4 y el gato por darle un beso,   desaban del tejado.

4b desaban, léase deslizaban.

11c Versión de SAN JOSE (San José), recitada por Mayela Brenes Balma, 32 años, el 27 de julio de 1979.

```
    Estaba el señor don Gato      sentadito en su tejado,
  2 calzado medias nuevas         y muñito colorado,
    cuando recibe noticias        que debía ser casado,
  4 con una gata montesa          sobrina del gato pardo.
    Don Gato, con alegría,        se cayó tejado abajo.
  6 Se rompío siete costillas     y la puntita del rabo.
    Ya llegan a visitarlo         doctores y cirujanos.
  8 Unos dicen,—Bueno, bueno,     y otros dicen,—Malo, malo.
    ¡Qué traigan al señor don Cura  para que confiese el gato
 10 y haga su testamento          con lo mucho que ha robado;
    cuatro quesos, dos morcillos  y un chorizo colorado!
 12 Los gatos se ponen de luto;   los gatos, capotes largos.
    Unos buenos funerales         le hacen al señor don Gato.
 14 Los ratones de contra el luto  se visten de colorado
    y celebran una fiesta         por el muerto de un villano.
 16 Ya lo llevan a enterrar       por la calle del pescado.
    Y del olor de los sardines,   el gato ha resucitado.
 18 Por eso dice la gente         que siete vidas tiene un gato.
```

11d Versión de CARTAGO (Cartago), cantada por Francisca Solano de Guevara, 54 años, el 16 de julio de 1979.

```
    Estaba el señor don Gato      en silla de oro sentado,
  2 cuando llegó su compadre,     dijo que si quería ser casado.
    con una gata morisca          que andaba con el pelo.
  4 Que el gato, por verla pronto,  cayó del tejado abajo.
    Ay, se ha roto las costillas;  se ha descompuesto...
```

11e Versión de CARTAGO (Cartago), cantada por Jorge Alberto Cruz-Sáenz, 21 años, el 15 de agosto de 1973.

```
    Estaba el señor don Gato      sentadito en el tejado.
  2 Por darle un beso a la gata,   se vino del tejado al suelo.
    Ay remocho, que son las ocho;  cococho, cococho, cococho,
                                                   cococho.
```

12. El torito (á-o)
(26/K-12)

12a Versión de LIBERIA (Guanacaste), cantada por Dennis Baltodano Muñoz, 49 años, y Danilo Baltodano Muñoz, 43 años, el 4
de agosto de 1979.

   Echame ese toro pinto,   hijo de la vaca mora,
2 para sacarle la suerte   delante de mi señora.
   Que te coge el toro, Marcela;   que te coge el toro,
                                   Simona.
4 Si ese toro me matara   no me entierren en sagrado,
   Entiérrenme en campo afuera,   donde pise el ganado.
6   Que te coge el toro, Marcela;   que te coge el toro,
                                     Simona.
   No murió de calentura,   ni del dolor al costado.
8 Murió de una cornada   que le dio el toro pintado.
   Que te coge el toro, Marcela;   que te coge el toro,
                                     Simona.

se repite el estribillo

❧

12b Versión de LIBERIA (Guanacaste), cantada por María Luisa
Morales de Brenes, 63 años, el 5 de agosto de 1979.

   Echame ese toro pinto,   hijo de la vaca mora,
2 para sacarle la suerte   delante de mi señora.
   Sé ese toro me matara,   no me entierren en sagrado.
4 Entiérrenme en campo afuera,   donde me pise el ganado.
   Que te coge el toro, Marcela;   que te coge el toro,
                                     Simona.
   No murió de calentura,   ni de dolor del costado.
6 Murió de una cornada   que le dio el toro pintado.
   Que te coge el toro, Marcela;   que te coge el toro,
                                     Simona.

5 y 7 se repite el estribillo

12c Versión de LIBERIA (Guanacaste), cantada por Luz Baltodano
Muñoz, 60 años; Lucila Baldi Oceda, 56 años; e Isidro Fernández Mora, 72 años, el 4 de agosto de 1979.

        Echame ese toro pinto,   hijo de la vaca mora,
      2 para sacarle una suerte   delante de mi señora.
        Si ese toro me matare,   no me entierren en sagrado.
      4 Entiérrenme en campo ajeno, donde me pise el ganado.
        Que te coge el toro, Simona; que te coge el toro,
                                              Marcela.
        No murió de calentura,   ni de dolor del costado.
      6 Murió de una cornada   que le dio el toro pintado.

1 en vez de *pinto*, algunos dijeron *afuera*.
2 en vez de *una*, algunos dijeron *la*.
4 en vez de *ajeno*, dijeron *afuera*, o *abierto*. se repite el estribillo.
5 y 6 se repiten

12d Versión de SANTA CRUZ DE GUANACASTE (Guanacaste), cantada
por Marta Vásquez-Chávez, 50 años, el 21 de agosto de 1973.

        Echame ese toro pinto,   hijo de la vaca mora,
      2 para sacarle la suerte,   delante de mi señora.
        Si ese toro me matare,   no me entierren en sagrao.
      4 Entiérrenme en campo afuera, donde mi pise el ganado.
        Que te coge el toro, Simona, qué te coge el toro,
                                              Marcela.
      6 No murió de calentura;   murió de una cornada,
        que le dio el toro pintao, muy arriba en el costao.

5 Se repite el estribillo
Se repiten versos 6 y 7, más el estribillo

12e Versión de Santa Cruz de Guanacaste (Guanacaste), cantada
por Adela Leal-Gómez, 40 años, el 21 de agosto de 1973.

    Echame ese toro pinto,   hijo de la vaca mora,
2 para sacarle la suerte,   delante de mi señora.
    Que te coge el toro, Simona;   qué te coge el toro,
        Marcela.
    Si ese toro me matara,   no me entierren en sagrado.
4 Entiérrenme en campo afuera,   donde me pise el ganado.

---

3 se repite el estribillo

12f Versión de Santa Cruz de Guanacaste (Guanacaste), cantada
por Lidia Rosales de Brenes, 55 años, el 21 de agosto de 1973.

    Echame ese toro ajuera,   hijo de la vaca mora,
2 para sacarle la suerte   delante de mi señora.
    Si ese toro me matara,   no me entierren en campo santo.
4 Entiérrenme en campo llano,   donde me pise el ganado.

---

1 ajuera [sic]

12g Versión de Lagunilla de Santa Cruz (Guanacaste), cantada
por María Leal de Noguera, 83 años, el 21 de agosto de 1973.

    Echame ese toro pinto,   hijo de la vaca mora,
2 quiero sacarle la suerte   delante de mi señora.
    Si ese toro me matare,   no me entierren en campo santo,
4 Entiérrenme en campo llano,   donde me pise el ganado.

12h Versión de Alajuela (Alajuela), cantada por Rosa Monge
Argüeras, 66 años, el 12 de julio de 1979.

    Echeme ese toro ahuera,   hijo de la vaca mora.
2 Me quiero sacar una suerte   delante de mi señora.
    Si ese toro me mata,   no me entierran en sagrado.

4 Me entierren en un serrito,   allí no pise el ganado.
  Si acaso me hizo un misa   . . .

---

1 ahuera [sic]
5 Siguen tres versos incomprehensibles.

12i Versión de SAN JOAQUIN DE FLORES (Heredia), cantada por María
    de los Angeles Arias de Soto, 45 años, el 24 de julio de 1979.

      Echame ese toro pinto,   hijo de la vaca mora,
    2 para sacarle una suerte   delante de mi señora.
      Si ese toro me matare,   no me entierren en sagrado.
    4 Entiérrenme en campo afuera,   donde me pise el ganado.
      Qué te coge el toro, Simona;   que te coge el toro,
                                              Marcela.

---

5 Se repite el estribillo

12j Versión de SAN PABLO DE TARRAZU (San José), cantada por Tito
    Mora, 76 años, el 14 de julio de 1979.

      Echame ese toro afuera,   hijo de la vaca mora,
    2 para sacarle una suerte   delante de esta señora.
      Si el toro me matara,   no me entierren en sagrada.
    4 Entiérrenme en un serrito,   que lo pise el ganado.

12k Versión de VILLA COLÓN (San José), cantada por Alejandro
    García Quirós, 48 años, el 19 de julio de 1979.

      Echame ese toro afuera,   hijo de la vaca mora,
    2 para sacarle una suerte   delante de mi señora.
      Si ese toro me matara,   no me entierren en sagrado.
    4 Entiérrenme en campo santo,   donde me pise el ganado.
      Que te coge el toro Simona,   que te coge el toro,
                                              Marcela.
      No murió de calentura,   ni del dolor de un costado
    6 Murió de una cornada   que le dio el toro pintado.

Allá en aquel rincón,   vestido de colorado,
8 Allí están las cinco letras   donde murió el desgraciado.

---

1 y 2 se repiten

12l Versión de Villa Colón (San José), cantada por Petronila
Aguilar Guerrero, 76 años, el 20 de julio de 1979.

Echame ese toro pinto,   hijo de la vaca mora,
2 para sacar una suerte   como se la saca mi señora.

12m Versión de Santa Ana (San José), cantada por María Cristina
Lobo-Arias, 60 años, el 23 de julio de 1979.

Echame ese toro pinto,   hijo de la vaca mora,
2 para jugarle una suerte   delante de mi señora.
Si ese toro me matare,   no me entierren en sagrado.
4 Entiérrenme en campo afuera,   donde me pise el ganado.
¡Que te coge el toro, Marcela;   que te coge el toro,
                                           Simona!

---

5 se repite el estribillo

12n Versión de Alajuelita (San José), cantada por Natalina Agüero
Castro, 80 años, el 14 de julio de 1979.

Echame ese toro afuera,   hijo de la vaca mora,
2 para sacarle una suerte   delante de una señora.
Si ese toro me matare,   no me entierren en sagrado.
4 Entiérrenme en un serrito,   en donde no me pise el ganado.

12o Versión de COT (Cartago), recitada por María Granados, 22 años, el 23 de agosto de 1973.

  Echame ese toro pinto, hijo de la vaca mora,
2 para sacarle una suerte delante de mi señora.
  Que te coge el toro, Simona; que te coge el toro, Marcela.
4 Si ese toro me matase, no me entierren en sagrado.
  Entiérrenme en campo afuera, donde me pise el ganado.
6 Allá en aquel rincón, pintado de colorado,
  están cinco letras donde murió el desdichado.

12p Versión de SAN NICOLAS (Cartago), cantada por Gloria Trejos, 62 años, el 13 de julio de 1979.

  Echame ese toro afuera, hijo de la vaca mora,
2 para sacarla una suerte delante de mi señora.
  Si ese toro me matare, no me entierren en sagrado.
4 Me entierren en un potrero, adonde no pringue el ganado.

12q Versión de CARTAGO (Cartago), cantada por Jorge Alberto Cruz-Sáenz, 21 años, el 15 de agosto de 1973.

  Echame ese toro pinto, hijo de la vaca mora,
2 para sacarle una suerte, delante de mi señora.
  Si ese toro me matare, no me entierren en sagrado.
4 Entiérrenme en campo afuera, donde me pise el ganado.

12r Versión de CARTAGO (Cartago), cantada por Francisca Solano de Guevara, 54 años, el 16 de julio de 1979.

  Echame ese toro afuera, hijo de la vaca mora,
2 para sacarle una suerte delante de mi señora.
  Si ese toro me matara no me entierren en sagrado.

       . . . .
  ¡Qué te coge el toro, Marcela que te coge el toro,
               Simona!

---

4 Se repite el estribillo

12s Versión de CARTAGO (Cartago), cantada por Flora Campos
Guevara, 56 años, el 16 de julio de 1975.

Echame ese toro afuera,   hijo de la vaca mora,
2 para sacarle la suerte   delante de mi señora.

❧

12t Versión de CARTAGO (Cartago), copiada por Jorge Alberto
Cruz-Sáenz, 21 años, del cuaderno de la Sra. de Vargas, el 25
de septiembre de 1973.

Echame ese toro pinto,   hijo de la vaca mora,
2 para sacarle la suerte   delante de mi señora.
Si ese toro me matare,   no me entierren en sagrado.
4 Entiérrenme en campo afuera,   donde me pise el ganado.

13. La viudita del conde Laurel (é)

(S-16)

13a Versión de AGUA CALIENTE (Cartago), cantada por José Martín Arce-Loiza, 50 años, el 15 de julio de 1975.

—Yo soy la viudita   del Conde Laurel.
2 Casarme quisiera   y no hay yo con quien.
  —Casate conmigo   que yo te daré
4 zapatos y medias,   color de café.

14. La muerte del príncipe (polias.)

14a Versión de San Joaquin de Flores (Heredia), recitada por María
de los Angeles Arias de Soto, 45 años, el 24 de julio de 1979.

El palacio está de luto   y en el trono llora el rey,
2 y la reina está llorando   donde no la pueden ver.
Con pañuelo de orla fino   lloran la reina y el rey.
4 Los señores del palacio   están llorando también.
El hijo del rey ha muerto;   ha muerto el hijo del rey.
6 El laurel del patio grande   quedó sin hojas esta vez.
Los caballos llevan negro   el penacho y el arnés.
8 El hijo del rey ha muerto;   ha muerto el hijo del rey.
En los álamos del monte,   tiene su casa el pastor.
10 La pastora está diciendo,   —¿Por qué tiene luz el sol?
Entra y sale un perro grande;   se oye allá dentro una voz;
12 —Pajarillo, yo estoy loca,   llevadme adonde él.
El pastor coge llorando   la pala y el asadón.
14 Abren la tierra una fosa;   echa en la fosa una flor.
El hijo del pastor ha muerto;   ha muerto el hijo del pastor.

❧

14b Versión de Cot (Cartago), recitada por María Granados, 22
años, el 28 de agosto de 1973.

El palacio está de luto   y en el trono llora el rey.
2 Y la reina está llorando   donde no la pueden ver.
Los caballos llevan negro,   el penacho y el arnés.
4 Los caballos no han comido,   porque no quieren comer.
Entra y sale un perro triste;   canta allá dentro una voz;
6 Murió el hijo del rey;   se ha quedado el rey sin hijo.
Una caja larga y honda   está zurrando el pastor.
8 La pastora está diciendo.   —¿Por qué tiene luz el sol?
El laurel del patio grande   quedó sin hojas esta vez.
10 Todo el mundo fue al entierro   con coronas de laurel.
Ha muerto el hijo del rey;   se ha quedado el rey sin hijo.

15. El hermano incestuoso (polias.)
(37 / P-3)

15a Versión de LIBERIA (Guanacaste), cantada por Danilo Baltodano
Muñoz, 43 años, el 4 de agosto de 1979.

En Santa Eulalia vivía una joven,   bella y hermosa como el
                                                                      jasmín.
2 Ella solita se mantenía,   cosiendo ropa para vivir.
  Vino el hermano y le dijo un día: —Ay hermanita del
                                                                      corazón,
4 ya tu hermosura me tiene loco   y tu marido quiero ser yo.
  La pobre miña quedó asombrada   y en el instante le
                                                                      contestó:
6 —Mejor prefiero morir mil veces   antes que logres manchar
                                                                      mi honor.
  El mal hermano sacó el revolver,   y en el instante le disparó,
8 dándole un tiro en el sentido   que todo el cráneo le
                                                                      destrozó.

❧

15b Versión de SANTA CRUZ DE GUANACASTE (Guanacaste), cantada
por Marta Vásquez-Chávez, 50 años, el 21 de agosto de 1973.

En Santa Elena vivía una joven,   tan bella y blanca como el
                                                                      jasmín.
2 Ella solita se mantenía,   cosiendo ropa para vivir.
  Un mal hermano le dijo un día: —Ay hermanita del
                                                                      corazón,
4 ya tu hermosura me tiene loco   y tu marido quiero ser yo.
  La pobre joven quedó azorada   y al instante le respondió:
6 —Ay hermanito, mejor prefiero morir mil veces   antes que
                                               logres manchar mi honor.
  El mal hermano sacó el revolver   y al instante le disparó,
8 dándole un tiro en los sentidos...

_____

5 azorada [sic]

15c Versión de PALMARES CENTRO (Alajuela), cantada por Juan
Marías Chavarría, 74 años, el 12 de julio de 1979.

En Santa Amalia vivía una niña,   tan pura y bella como un
                                                    jasmín.
2 Ella solita se mantenía,   haciendo trajes para vivir.
Un mal hermano le dijo un día: —Yo tu esposo quisiera ser.
4 Tu hermosura me tiene loco   y tu marido quiero ser yo.

15d Versión de NARANJA DE PALMARES (Alajuela), cantada por Olivio
Alfaro-Araya, 54 años, el 12 de julio de 1979.

En Santa Amalia había una joven,   tan bella y pura como el
                                                    jasmín.
2 Se mantenía haciendo trajes,   haciendo trajes para vivir.
La pobre niña se mantenía,   haciendo trajes para vivir.
4 Pero el hermano traidor la hirió,   aún me extremo que la
                                                    mató.

15e Versión de ALAJUELA (Alajuela), cantada por Nuria Chávez-
Bega, 27 años, el 14 de julio de 1979.

En Santa Amalia vivía una joven,   bella y hermosa como un
                                                    clavel.
2 Ella solita se mantenía,   cosiendo ropa para vivir.
Un mal hermano le dijo un día: —Ay hermanita del
                                                    corazón,
4 ya tu hermosura me tiene loco   y tu marido quiero yo ser.
La pobre hermana quedó asustada,   pero al instante le
                                                    respondió:
6 —Mejor quisiera morir mil veces,   antes que manches mi
                                                    buen honor.
El mal hermano sacó un revolver   y al instante le disparó.

15f Versión de ALAJUELA (Alajuela), cantada por Rosa Monge Argüeras, 66 años, el 12 de julio de 1979.

En Santa Elena había una niña,   tan blanca y pura como un
                                                          jasmín.
2 ...   cosiendo ropa para vender.

🌿

15g Versión de SANTA BARBARA (Heredia), cantada por Fidelis María
Jiménez, 74 años, el 24 de julio de 1979.

En Santa Amalia vivía una joven,   bella y hermosa como un
                                                            jasmín.
2 Ella solita se mantenía,   lavando ropa para vivir.
   El mal hermano le dijo un día,   —Ay hermanita del corazón,
4 ya tu hermosura me tiene loco   y su marido quiero ser yo.
   La pobre hermana quedó asombrada   y al instante le
                                                            respondió:
6 —Mejor prefiero morir mil veces   antes que logres manchar
                                                            mi honor.
   El mal hermano sacó el revolver   y al instante le disparó,
8 dándole un tiro por el sentido   que todo el cráneo le
                                                            destrozó.
   Llegaron gentes de todas partes   a ver el crimen de aquel
                                                            lugar.

. . . .

10 —Vete hermanita, vete al cielo,   que yo en la cárcel lo
                                                            pagaré.

———————————

4b su marido: [sic].

15h Versión de SAN JOAQUIN DE FLORES (Heredia), cantada por
María de los Angeles Arias de Soto, 45 años, el 24 de julio de
1979.

En Santa Amalia vivía una joven,   bella y hermosa como el
                                                            jasmín.
2 Ella solita se mantenía,   cosiendo ropa para vivir.
   Un mal hermano le dijo un día: —Ay hermanita del
                                                            corazón,
4 ya tu hermosura me tiene loco   y tu marido quiero ser yo.
   La pobre joven quedó asombrada,   y en el instante le
                                                            contestó:

6　—Mejor prefiero morir mil veces,　antes que vaya manchar
　　　　　　　　　　　　　　　　　　　　mi honor.
　　El mal hermano sacó el revolver　y en el instante le disparó
8　dándole un tiro por el sentido　que todo el cráneo le
　　　　　　　　　　　　　　　　　destrozó.
　　El juez pregunta ¿quién había sido?　Luego pregunta la
　　autoridad.
10　Vinieron gentes de todas partes　a ver el crimen de aquel
　　　　　　　　　　　　　　　　　lugar.
　　El juez pregunta, ¿quién había sido?　—Yo fui el ingrato que
　　la maté.
12　—Ay hermanita, vete al cielo,　que yo en la cárcel lo pagaré.

❧

15i Versión de PURISCAL (San José), cantada por Emma Benegas
　　Salazar, 64 años, el 13 de julio de 1979.

　　En Santa Amalia había una joven,　bella y hermosa como un
　　　　　　　　　　　　　　　　　jasmín.
2　Ella solita se mantenía,　haciendo ropas para vender.
　　A los quince años la pobre niña,　sin padre y madre sola
　　　　　　　　　　　　　　　　　quedó.
4　Se la ha alajado de un cruel hermano,　que tan infame la
　　　　　　　　　　　　　　　　　enamoró.
　　—Ay hermanita, somos hermanos　y yo tu esposa no puedo
　　　　　　　　　　　　　　　　　ser.
6　Como la niña no quiso hacerlo,　diez puñaladas, no más, le
　　　　　　　　　　　　　　　　　dio.
　　Un campesino que iba pasando　y dio la cuenta a la
　　　　　　　　　　　　　　　　　autoridad.
8　Vinieron gentes de todas partes,　a ver el crimen de aquel
　　　　　　　　　　　　　　　　　lugar.
　　El juez pregunta quién había sido　y le pregunta la
　　　　　　　　　　　　　　　　　autoridad.
10　Dice el muchacho con voz ligera:　—Yo fui el infame que la
　　　　　　　　　　　　　　　　　maté.
　　Ay hermanita, tú vas al cielo　y yo en la cárcel lo pagaré.
12　Ay hermanita, tú vas al cielo　y yo en la horca lo pagaré.

15j Versión de SANTA ANA Y VILLA COLON (San José), cantada por Alejandro García Quirós y José Alberto Jiménez Rojas, 48 y 39 años, el 19 de julio de 1979.

En Santa Amalia vivía una joven,   hermosa y bella como un jasmín.
2 Ella solita se mantenía,   cosiendo ropa para vivir.
    El mal hermano le dice un día: —¡Ay hermanita del corazón!
4 Ya tu hermosura me tiene loco,   que tu marido quiero ser yo.

    La pobre niña quedó asombrada   y al instante le contestó:
6 —Mejor prefiero morir mil veces   antes que logres manchar mi honor.

    El mal hermano sacó el revolver   y al instante le disparó,
8 dándole un tiro por los sentidos   que todo el cráneo le destrozó.

    El juez pregunta cuál había sido.   —Fue el hermano que la maté,
10 dándole un tiro por los sentidos   que todo el cráneo le destrocé.

. . . .

    —Vete, hermanita, vete tú al cielo,   que yo en la cárcel lo pagaré.

---

1 y 9 se repiten
5 y 6 se repiten.

🌿

15k Versión de VILLA COLON (San José), cantada por Petronila Aguilar Guerrero, 76 años, el 20 de julio de 1979.

En Santa Amalia vivía una joven,   tan pura y bella como un jasmín.
2 Ella solita se mantenía,   haciendo trajes para vender.
    Llegó el hermano y le propuso: —Ay hermanita, somos hermanos
4 y yo tu esposo debo ser.   —Ay hermanito somos hermanos,
    y yo tu esposa no puede ser...

🌿

15l Versión de PURISCAL (San José), cantada por María Calderón Valverde, 44 años, el 1 de agosto de 1979.

En Santa Amalia vivía una niña,   tan pura y bella como un jasmín.

2 Ella solita se mantenía,   cosiendo trajes para vivir.
Su mal hermano le dijo un día: —Ay hermanita del
                        corazón,
4 ya tu hermosura me tiene loco   y tu marido quiero ser yo.
La pobre niña quedó asombrada   y en el instante lo
                        contestó:
6 —Mejor prefiero morir mil veces,   antes que logres manchar
                        mi honor.
Su mal hermano sacó el revolver   y en el instante lo
                        disparó,
8 dándole un tiro por los sentidos,   que todo el cráneo le
                        destrozó.
Vinieron gente de todas partes   a ver el crimen de aquel
                        lugar.

15m Versión de Puriscal (San José), cantada por Zeneida Porras Valverde, 38 años, el 1 de agosto de 1979.

En Santa Amalia vivía una joven,   muy linda y bella como
                        un jasmín.
2 La pobrecita se mantenía,   lavando ajena para vivir.
La pobrecita sin padre ni madre,   la pobrecita huérfana
                        quedó,
4 sin más amparo que dio un hermano.   Vino el infame y la
                        enamoró.
El mal hermano le dijo un día: —Ay hermanita del corazón,
6 que tu hermosura me trae loco   y tu marido quiero ser yo.
La pobre joven quedó asombrada,   pero al instante le
                        contestó:
8 —Mejor prefiero morir mil veces,   antes que logres manchar
                        mi honor.
Vino el hermano y sacó el revolver;   no más tres tiros le
                        disparó,
10 dándole un balazo por el sentido;   Todito el cráneo le
                        destruyó.
Luego pregunta quién había sido.   Luego pregunta la
                        autoridad.
12 Vinieron gentes de todas partes   a ver el crimen de aquel
                        lugar.
—Yo fue el hermano que la maté.........
14 Vaya hermanita, tú vas p'a el cielo,   que yo en la cárcel lo
pagaré.

---

2 ajena [sic]
13 fue [sic]

15n Versión de SAN ISIDRO DE PURISCAL O BARBACOAS (San José), cantada por Egidio Mora Castillo, 47 años, el 1 de agosto de 1979.

En Santa Amalia vivía una joven,   tan linda y bella como el
                                                                                 jasmín.
2 La pobre niña se mantenía,   cosiendo ropa para vivir.
El mal hermano le dijo un día: —Ay hermanita del corazón,
4 ya tu hermosura me tiene loco   y tu marido quiero ser yo.
La pobre chica le ha contestado: —Ay hermanito del
                                                                                 corazón,
6 mejor prefiero morir mil veces,   antes que logres manchar
                                                                                 mi honor.

El mal hermano sacó el revolver   y en el instante le disparó,
8 dándole un tiro por los sentidos,   que todo el cráneo le
                                                                                 destrozó.

Vinieron gentes de todas partes,   a ver el crimen de aquel
                                                                                 lugar.
10 El juez decía:—¿Quién fue el infame,   aquel infame que la
                                                                                 mató?

                                    . . . .
—Vete, hermanita, vete tú al cielo,   que yo en la cárcel la
pagaré.

                                    ❧

15o Versión de PIEDADES BARBACOAS (San José), cantada por Rafael Quirós Fallas, 59 años, el 1 de agosto de 1979.

En Santa Amalia vivía una joven,   tan pura y bella como el
                                                                                 carmín.
2 La pobrecita se mantenía,   cosiendo ropa para vivir.
El mal hermano le dijo un día: —Ay hermanita del corazón,
4 ya tu hermosura me tiene loco   y tu marido quiero ser yo.

---

1 carmín *léase* jasmín.

15p Versión de SANTA MARIA DE DOTA (San José), cantada por Julio
León, 76 años, el 15 de julio de 1979.

En Santa Elena había un joven,   tan blanca y pura como un
                                             jasmín.
2 Se mantenía, la pobre niña,   cosiendo ropa para Madrid.
  A los quince años la pobre niña,........
4 sin más consuelo de un cruel hermano,   que el infame la
                                             enamoró.

15q Versión de OCOCA DE ACOSTA (San José), cantada por Julia
Castro Mora, 73 años, el 14 de julio de 1979.

En Santa Amalia vivía una joven;   era bonita como un
                                             jasmín.
2 Ella solita se mantenía,   cosiendo ropa para vivir.
  Un mal hermano le dijo un día: —Ay hermanita del
                                          corazón,
4 ya tu hermosura me tiene loco   y tu marido quiero ser yo.
  La niña pobre quedó asombrada   y en el instante le
                                          respondió:
6 —Mejor prefiero morir mil veces,   antes que logres manchar
                                          mi honor.
  El mal hermano sacó el revolver   y en el instante lo
                                          disparó,
8 dándole un tiro por los sentidos,   que todo el cráneo lo
                                          destrozó.
  Vinieron gentes de todas partes,   a ver el crimen de aquel
                                          lugar.
10 —Vete, hermana, vete tú al cielo,   que yo en la cárcel lo
                                          pagaré.

15r Versión de SAN RAFAEL DE CARTAGO (Cartago), cantada por Elia
Mora Agüero de Calderón, 68 años, el 21 de julio de 1979.

En Santa Amalia vivía una niña,   tan pura y linda como un
                                             jasmín.
2 La pobre niña se mantenía,   haciendo trajes para vender.
  Sólo al amparo de un cruel hermano;   el muy ingrato le
                                          enamoró.

4 La pobre niña quedó asombrada;   llegó al momento le
                                                        contestó:

—Ay hermanito somos hermanos   y yo tu esposa no puedo
                                                        ser.

6 El muy malvado cogió una pistola   y tres tiros, no más le
                                                        dio.

Vinieron gentes de todas partes,   a ver el crimen de aquel
                                                        lugar.

8 Y el muy malvado así cantaba:........

—Ay hermanita, tú vas para el cielo   y yo en la cárcel la
                                                        pagaré.

❧

15s Versión de LLANO GRANDE (Cartago), cantada por María de
González, 48 años, el 18 de julio de 1975.

En Santa Amalia vivía una joven,   bella y hermosa como al
                                                        jasmín.

2 Ella solita se mantenía,   cosiendo ropa para vivir.

Un mal hermano le dijo un día: —Ay hermanita del
                                                        corazón.

❧

15t Versión de COLIBLANCO (Cartago), cantada por Teófilo Brenes
Gómez, 45 años, el 25 de julio de 1979

En Santa Amalia vivía una joven,   bella y hermosa como un
                                                        jasmín.

2 Ella solita se mantenía,   cosiendo ropa para vivir.

El mal hermano le dijo un día: —Ay hermanita del corazón,

4 ya tu hermosura me tiene loco   y tu marido quiero ser yo.

La pobre joven quedó asombrada   y en el instante le
                                                        respondió:

6 —Mejor prefiero morir mil veces,   antes que logres manchar
                                                        mi honor.

El mal hermano sacó el revolver   y en el instante le
                                                        respondió,

8 dándole un tiro en los sentidos,   que todo el cráneo le
                                                        destrozó.

Vinieron gentes de todas partes,   a ver el crimen de aquel
                                                        lugar.

10 El mal hermano le dijo así:........
   —Vete, hermanita, vete tú al cielo   que yo en la cárcel lo
                                                     pagaré.

🌿

15u   Versión de Agua Caliente (Cartago), recitada por José Martín Arce-Loiza, 50 años, el 15 de julio de 1975.

En Santa Amalia vivía una joven,   muy linda y bella como un
                                                 jasmín.
2 La pobrecita se mantenía,   haciendo trajes para vivir.
  A los diez años, la pobre niña,   sin padre y madre, sóla
                                                 quedó
4 con el amparo de un cruel hermano,   que aquel infame la
                                               enamoró.
  —Ay hermanito, somos hermanos,   y yo tu esposa no
                                               puedo ser.
6 —Y tu carino me tiene loco   y tú mi esposa debe hacer.
  Como la niña no quiso hacerlo,   tres puñaladas, no más, le
                                               dio.
8 Y la llevaron a sepultarla   al cementerio de aquel lugar.
  Un campesino que iba pasando   corría el cuento a la
                                               autoridad.
10 Corrieron gentes de todas partes,   a ver el crimen de aquel
                                               lugar.
  Responde el juez con voz ligera: —¿Qué hubo el infame
                                               que la mató?
12 Responde el joven con voz ligera,   —Pues el infame he sido
                                               yo.
  Responde el juez con voz tirana:........
14 —Cojan ese hombre, cójanlo, cójanlo!   que en la horca lo
                                               pagará.
  —Ay hermanita vos vas al cielo   y yo en la horca lo pago yo.

---

14 orden [sic].

15v Versión de QUEBRADILLA (Cartago), cantada por Luz Milina Navarro-Aguilera, 33 años, el 15 de julio de 1975.

En Santa Amalia vivía una joven,   joven y bella como un
                           jasmín.
2 Ella solita se mantenía,   cosiendo ropa para vivir.
El mal hermano le dijo un día: —Ay hermanita del corazón,
4 ya tu hermosura me tiene loco;   que tu marido quiero ser yo.
La pobre joven quedó asombrada   y al istante le contestó;
6 —Mejor prefiero morir mil veces   antes que logres manchar
                           mi honor.

El mal hermano sacó el revolver   y al momento le disparó,
8 dándole un tiro por los sentidos,   que todo el cránio le
                           destrozó.

Vinieron gentes de todas partes,   la policía de ese lugar.
10 —Ande hermanita, andá tú al cielo,   que yo en la cárcel lo
                           pagaré.

---

5 istante, [sic]
8 cranio, [sic]

15w Versión de COLIBLANCO (Cartago), cantada por Edgar Mora-Montenegro, 28 años, el 25 de agosto de 1973.

En Santa Amalia vivía una joven,   tan hermosa como un
                           jasmín.
2 Ella solita se mantenía,   cosiendo ropa para vivir.
El malo hermano le dijo un día: —Ay hermanita del
                           corazón,
4 ya tu hermosura me tiene loco   y tu marido quiero ser yo.
Aquella joven quedó asombrada,   cuando al instante le
                           contestó:
6 —Mejor prefiero morir mil veces,   antes que manchar mi
                           honor.

Vinieron gentes de todas partes,   a ver el crimen de aquel
                           lugar.

15x Versión de CARTAGO (Cartago), cantada por Jenny Sáenz de Cruz, 59 años, el 17 de julio de 1975.

Allá en Sant'Elia había una niña,   tan pura y bella como un
                           jasmín.

2 La pobrecita tenía un hermano,   y el muy ingrato la
                                                             enamoró.
  Al poco tiempo quedó sin padres........
4 y ella solita se mantenía   cosiendo ropa para vivir.
  —Mira, hermanito, somos hermanos,   más yo tu esposa no
  puedo ser.
6 —Mira, hermanita,........
  ya tu hermosura me tiene loco   y tu marido yo quiero ser.
8 Pero este infame con su revolver,   de tres tiros la mató.

---

5 y 6 están al revés

16. El Barquero (á)
(38)

16a Versión de LIBERIA (Guanacaste), cantada por Lucila Baldi
Oceda, 56 años, el 4 de agosto de 1979.

—Barquero, ¿querés pasarme   al otro lado del mar?
2 —Si, te paso, niña hermosa;   si te paso, ¿qué me da?
—Te doy mis alhajas de oro,   que es el único capital.
4 —Yo no quiero alhajas de oro;   lo que quiero es algo más.
—Barquero, dime qué quieres,   que no me quierés pasar.
6 —Un besito, niña hermosa,   de tus labios de coral.
La niña le dio el besito   y el barquero la pasó.
8 ¡Qué besito tan sabroso,   que hasta el corazón llego!
—Adiós barquerito hermoso,   adiós para siempre, adiós.

16b Versión de LIBERIA (Guanacaste), cantada por Luz Baltodano
Muñoz, 60 años, el 4 de agosto de 1979.

—Barquero, ¿querés pasarme   al otro lado del mar?
2 —Si te paso, niña hermosa;   si te paso, ¿qué me da?
—Te doy mis alhajas de oro,   que es mi único capital.
4 —Yo no quiero alhajas de oro;   lo que quiero es algo más.
—Barquero, ¿qué es lo que quieres   que no me querés
                                          pasar?
6 —Lo que quiero es un besito   de tus labios de coral.
La niña le dio el besito,   y el barquero la pasó.
8 —¡Qué besito tan sabroso,   que hasta el corazón llegó!

16c Versión de LIBERIA (Guanacaste), cantada por Adela Muñoz
Rovera, 82 años, el 4 de agosto de 1979.

—Barquero, ¿querés pasarme   al otro lado del mar?
2 —Si, te paso, niña bella;,   si te paso, ¿qué me da?
—Te doy mis alhajas de oro,   que es mi único capital.
4 —Yo no quiero alhajas de oro;   lo que quiero es algo más.
—Barquero, ¿qué es lo que quieres   que no me querés
                                          pasar?

6 —Lo que quiero es un besito   de tus labios de coral.
   La niña le dio el besito,   y el barquero la pasó.
8 —Adiós barquerito hermoso,   adiós para siempre, adiós.

❧

16d Versión de LIBERIA (Guanacaste), cantada por Zeide Guevara
     de Cibaja, 43 años, el 4 de agosto de 1979.

   —Barquero, ¿querés pasarme   al otro lado del mar?
2 —Si, te paso, niña hermosa;   si te paso, ¿qué me da?
   —Te doy mis alhajas de oro,   que es mi único capital.
4 —Yo no quiero alhajas de oro;   lo que quiero es algo más.
   —Barquero, dime que quieres,   que no me querés pasar.
6 —Lo que quiero es un besito   de tus labios de coral.
   La niña le dio el besito   y el barquero la pasó.
8 —¡Qué besito tan dulcito,   que hasta el corazón llegó!

❧

16e Versión de LIBERIA (Guanacaste), cantada por Danilo
     Baltodano Muñoz, 43 años, el 4 de agosto de 1979.

   —Barquero, ¿quieres pasarme   a la otra orilla del mar?
2 —Si, te paso, niña hermosa;   si te paso, ¿qué me da?
   —Te doy mis alhajas de oro,   que es mi único capital.
4 —Yo no quiero alhajas de oro;   yo, que quiero es algo más.
   —Barquero, ¿qué es lo que quieres,   que no me quieres
                                    pasar?
6 —Lo que quiero es un besito   de tu boca de cristal.
   La niña le dio el besito   y el barquero la pasó.
8 —¡Qué besito tan sabroso,   que hasta el corazón llegó!

❧

16f Versión de LIBERIA (Guanacaste), cantada por Trinidad
     Montiel, 48 años, el 5 de agosto de 1979.

   Barquero, pasarme   al otro lado del mar.
2 Barquerito, sí te paso;   si te paso, ¿qué me das?
   —Te doy alhajas de oro,   que es todo mi capital.
4 —Yo no quiero alhajas de oro.........
   —¿Qué quieres, barquero,   que no me querés pasar?
6 —Un beso de tu boca,   de tus labios de coral.
   La niña le dio el besito   y el barquero la pasó.
8 —Adiós, barquerito hermoso;   adiós, ve, que ya me voy.

❧

16g Versión de SANTA CRUZ DE GUANACASTE (Guanacaste), cantada
por Marta Vásquez-Chávez, 50 años, el 21 de agosto de 1973.

   —Barquero, ¿querés pasarme   al otro lado del mar?
2 —Si te paso, niña hermosa;   si te paso, ¿qué me das?
   —Te doy mis alhaja de oro,   que es mi único capital.
4 —Yo no quiero alhaja de oro;   lo que quiero es algo más.
   —Barquero, ¿qué es lo que quieres   que no me quierés
                                       pasar?
6 —Lo que quiero es un besito   de tu labio de coral.
   La niña le dio el besito   y el barquero la pasó.
8 —¡Qué besito tan sabroso,   que hasta el corazón me llegó!

3 y 4 se repiten.

❧

16h Versión de SANTA CRUZ DE GUANACASTE (Guanacaste), cantada
por Lidia Rosales de Brenés, 55 años, el 21 de agosto de 1973.

   —Barquero ¿querés pasarme   al otro lado del mar?
2 —Si te paso, niña hermosa;   si te paso, ¿qué me das?
   —Te doy mis alhajas de oro,   es mi único capital.
4 —Yo no quiero alhajas de oro;   lo que quiero es algo más.
   Un besito de tu boca,   de tus labios de coral.
6 La niña le dio el besito.   El barquero la pasó.
   ¡Qué besito tan hermoso   que hasta el corazón llegó!

❧

16i Versión de SAN RAMON (Alajuela), cantada por Juan Madrigal
Rodríguez, 70+ años, el 14 de julio de 1979.

   —Barquero, ¿querés pasarme   al otro lado del mar?
2 —Si, te paso, niña hermosa;   si te paso, ¿qué me dais?
   —Te doy mis alhajas de oro,   que es todo mi capital.
4 —Yo no quiero alhajas de oro;   lo que quiero es algo más.
   —Barquero, ¿qué es lo que quieres,   que no me queréis
                                       pasar?

6 Lo que quiero es un besito   de tus labios de coral.
La niña le dio el besito.   El barquero la pasó.
8 Adiós barquerito hermoso.   —Adiós pasajera, adiós.

1, 2, 6, 7, 8 se repiten.

❧

16j Versión de San Ramon (Alajuela), cantada por Angela Salazar,
45 años, el 12 de julio de 1979.

—Barquero, ¿querés pasarme   al otro lado del mar?
2 —Si te paso, niña hermosa;   si te paso, ¿qué me das?
—Te doy mis alhajas de oro   que es mi único capital.
4 —Yo, alhajas de oro no quiero;   lo que quiero es algo más.
—Entonces, dime que quieres,   que mi madre se enojará.
6 —Lo que quiero es un besito   de tus labios de coral.
La niña le dió el besito,   y el barquero la pasó.
8 —Adiós barquerito hermoso,   adiós para siempre, adiós.

5b Después dijo "que no me querés pasar," en lugar de este
hemistíquio

❧

16k Versión de Naranja de Palmares (Alajuela), cantada por Olivio
Alfaro-Araya, 54 años, el 12 de julio de 1979.

—Barquero, ¿querés pasarme,   al otro orilla del mar?
2 —Si te paso, niña hermosa;   si te paso, ¿qué me das?
Me das tus alhajas de oro,   y me das tu corazón.
4 —Yo no tengo alhajas de oro,   lo que tengo es algo más.
—Yo quisiera un besito   de tus labios de coral.

1b al otro orilla [sic].
4 se repite.

16l Versión de ALAJUELA (Alajuela), cantada por Nuria Chávez-Bega, 27 años, el 14 de julio de 1979.

    —Barquero, ¿querés pasarme   a la otra orilla del mar?
2 —Si te paso, niña hermosa;   si te paso, ¿qué me da?
    —Te doy mis alhajas de oro   que es mi único capital.
4 —Yo no quiero alhajas de oro;   lo que quiero es algo más.
    —Barquero, ¿qué es lo que quieres   que no me querés
        pasar?
6 —Lo que quiero es un besito   de tus labios de coral.
    La niña le dio el besito.   El barquero la pasó.
8 — ¡Qué besito tan hermoso   que hasta el corazón llegó!

16m Versión de ALAJUELA (Alajuela), cantada por Rosa Monge Argueras, 66 años, el 12 de julio de 1979.

    —Barquero, ¿querés pasarme   al otro lado del mar?
2 —Si te paso, niña hermosa;   si te paso, ¿qué me da?
    —Te doy mis alhajas de oro,   que es mi único capital.
4 Yo no quiero alhajas de oro   ...
    Lo que quiero es un besito   de tus labios de coral.
6 La niña le dio el besito.   El barquero la pasó.
    —Adiós barquerito hermoso,   adiós para siempre, adiós.

16n Versión de SANTA BARBARA (Heredia), cantada por Fidelis María Jiménez, 74 años, el 24 de julio de 1979.

    —Barquero, ¿querés pasarme   al otro lado del mar?
2 —Si te paso, niña hermosa;   si te paso, ¿qué me das?
    —Te doy mis alhajas de oro   que es mi único capital.
4 —Yo no quiero alhajas de oro   lo que quiero es algo más.
    —Barquero, di lo que quieres   que no me querés pasar.
6 —Lo que quiero es un besito   de tus labios de coral.
    La niña le dio el besito   y el barquero la pasó.
8 — Adiós barquerito hermoso,   adiós para siempre, adiós.

16o Versión de San Pedro de Barbara (Heredia), cantada por Virgita González penaranda, 45 años, el 24 de julio de 1979.

  —Barquero, ¿querés apsarme   al otro lado del mar?
2 —Si te paso, niña hermosa;   si te paso, ¿qué me das?
  —Te doy mis alhajas de oro   que es mi único capital.
4 —Yo no quiero alhajas de oro;   lo que quiero es algo más.
  —Barquero, ¿qué es lo que quieres,   que no me querés
                                            pasar?
6 —Lo que quiero es un besito   de tus labios de coral.
  La niña le dio el besito: el barquero la pasó.
8 —Adiós barquerito hermoso,   adiós para siempre, adiós.

🌿

16p Versión de San Joaquin de Flores (Heredia), cantada por María de los Angeles Arias de Soto, 45 años el 24 de julio de 1979.

  —Barquero, ¿quieres pasarme   al otro lado del mar?
2 —Si te paso, niña hermosa;   si te paso, ¿qué me das?
  —Te doy mis alhajas de oro,   que es mi único capital.
4 —Yo no quiero alhajas de oro;   lo que quiero es algo más.
  —Barquero, ¿qué es lo que quieres,   que no me querés
                                            decir?
6 —Lo que quiero es un besito   de tus labios de coral.
  La niña le dio el besito,   y el barquero la pasó.
8 —Adiós, barquerito hermoso,   adiós para siempre, adiós.

🌿

16q Versión de Puriscal (San José), cantada por Emma Benegas Salazar, 64 años, el 13 de julio de 1979.

  —Barquero, ¿quiérés pasarme   a la otra orilla del mar?
2 —Si te paso, niña hermosa;   si te paso, ¿qué me da?
  —Te doy mis alhajas de oro,   que es mi único capital.
4 —Yo no quiero alhajas de oro;   lo que quiero es algo más.
  —Barquero, di lo que quieres,   que no me querés pasar.
6 —Lo que quiero es un besito   de tus labios de coral.
  La niña le dio el besito   y el barquero la pasó.
8 —¡Qué besito más sabroso   que hasta el corazón llegó!
  Si el barquero te pregunta,   no le niegues la verdad,
10 que besitos y abrazos   a cualquiera se le da.

16r Versión de San Isidro de Puriscal o Barbacoas (San José),
cantada por Leticia Salazar Fonseca, 13 años, el 1 de agosto de
1979.

  —Barquero, ¿querés pasarme al otro lado del mar?
2 —Si, te paso, niña hermosa;, si te paso, ¿qué me das?
  —Te doy mis alhajas de oro, que es mi único capital.
4 —Yo, alhajas de oro no quiero; lo que quiero es algo más.
  —¿Qué es lo que queréis, barquero, que no me queréis
                pasar?
6 —Lo que quiero es un besito de tu boca de coral.
  La niña le dio el besito; el barquero la pasó.
8 —Adiós, barquerito hermoso, adiós para siempre, adiós.

16s Versión de Puriscal (San José), cantada por María Calderón
Valverde, 44 años, el 1 de agosto de 1979.

  —Barquero, ¿querés pasarme al otro lado del mar?
2 —Si, te paso, niña hermosa;. si te paso, ¿qué me das?
  —Te doy mis alhajas de oro, que es todo mi capital.
4 —Yo no quiero alhajas de oro; ni tampoco capital.
  Lo que quiero es un besito de sus labios de coral.
6 La niña le dio el besito, y el barquero la pasó.
  —¡Ay, qué beso tan sabroso, que hasta el corazón llegó!

16t Versión de Santa Ana (San José), cantada por Crisante
Jiménez Rojas Villegas, 69 años, el 19 de julio de 1979.

  —Barquero ¿querés pasarme, a la otra orilla del mar?
2 —Sí, te paso, niña hermosa; si te paso, ¿qué me da?
  —Te doy mis alhajas de oro, que es mi único capital.
4 —Yo no quiero alhajas de oro, lo que quiero es algo más.
  —Barquero, ¿Qué es lo que quiere, que no me quiere
                pasar?
6 —Lo que quiero es un besito de tus labios de coral.
  La niña le dio el besito, y el barquero la pasó.
8 —Adiós, barquerito hermoso, adiós para siempre, adiós.

16u Versión de SANTA ANA (San José), cantada por María Cristina Lobo-Arias, 60 años, el 23 de julio de 1979.

—Barquero, ¿querés pasarme   a la otra orilla del mar?
2 —Si, te paso, niña hermosa;.   se te paso, ¿qué me da?
—Te doy mis alhajas de oro,   que es mi único capital.
4 —Yo no quiero alhajas de oro;   lo que quiero es algo más.
—Entonces, ¿qué es lo que quieres,   que no me querés
pasar?
6 —Lo que quiero es un besito   de tus labios de coral.
La niña le dio el besito.   El barquerito la pasó.
8 —¡Qué besito tan sabroso,   que hasta el corazón llegó!

16v Versión de VILLA COLÓN (San José), cantada por Petronila Aguilar Guerrero, 76 años, el 20 de julio de 1979.

—Barquero, ¿querés pasarme   a la otra orilla del mar?
2 —Si, te paso, niña hermosa;.   si te paso, ¿qué me das?
—Te doy mis alhajas de oro,   que es mi único capital.
4 —Yo no quiero alhajas de oro;   lo que quiero es algo más.
—Barquero, ¿qué es lo que quieres?...

16w Versión de VILLA COLÓN (San José), cantada por Alejandro García Quirós, 48 años, el 19 de julio de 1979.

—Barquero, ¿querés pasarme   al otro lado del mar?
2 —Si te paso, niña hermosa;   si te paso, ¿qué me dais?
—Te doy mis alhajas de oro,   que es mi único capital.
4 —Yo no quiero alhajas de oro;   lo que quiero es algo más.
—Pues, ¿qué es lo que quieres, barquero,   que no me
querés pasar?
6 —Lo que quiero es un besito   en tus labios de coral.
La niña le dio el besito   y el barquero la pasó.
8 —¡Ay, qué besos tan sabrosos,   que hasta el corazón llegó!

16x Versión de SAN PABLO DE TARRAZÚ (San José), cantada por Tito
Mora, 76 años, el 14 de julio de 1979.

  —Barquero, ¿querés pasarme a la otra orilla del mar?
2 —Si te paso, niña hermosa; si te paso, ¿qué me das?
      . . . .
  —Yo no quiero alhajas de oro; lo que quiero es algo más.
      . . . .
4 La niña le dio el besillo y el barquero la pasó.
  —¡O qué beso tan sabroso, qu'hasta'l corazón llegó!

16y Versión de OCOCA DE ACOSTA (San José), cantada por Julia
Castro Mora, 73 años, el 14 de julio de 1979.

  —Barquerillo, ¿querés pasarme a la otra orilla del mar?
2 —Si te paso, niña hermosa; si te paso, ¿qué me dais?
  —Te doy mis alhajas de oro, que es mi único capital.
4 —Alhajas de oro no quiero; lo que quiero es algo más.
  —Barquero, dime que quieres, que no me querés pasar.
6 —Lo que quiero es un besito de tus labios de coral.
  La niña le dio el besito; y el barquero la pasó.
8 —¡Ay,qué besito tan sabroso, que hasta el corazón llegó!

16z Versión de TRES RIOS (Cartago), cantada por María Leticia de
Espía, 65 años, el 26 de agosto de 1973.

  —Barquero, ¿querés pasarme al otro lado del mar?
2 —Sí, te paso; niña hermosa, si te paso, ¿qué me das?
  —Te doy mis alhajas de oro, que es mi único capital.
4 —Yo no quiero alhajas de oro; lo que quiero es algo más.
  —Dime, barquero, hermoso, ¿qué es lo que quieres tú?
6 —Lo que quiero es un besito de tu boca de coral.
  La niña le dio el besito. El barquero la pasó.
8 —¡Ay, qué besito tan sabroso que hasta el corazón llegó!

16aa Versión de SAN NICOLAS (Cartago), cantada por Gloria Trejos,
62 años, el 13 de julio de 1979.

  —Barquero, ¿querés pasarme al otro lado del mar?
2 —Sí te paso; niña hermosa, si te paso, ¿qué me das?

—Te doy mis alhajas de oro,   que es mi único capital.
4 —Yo no quiero alhajas de oro;   lo que quiero es algo más.

❧

16bb Versión de AGUA CALIENTE (Cartago), cantada por José Martín
Arce-Loiza, 50 años, el 15 de julio de 1975.

—Barquero, ¿queréis pasarme   al otro lado del mar?
2 —Si te paso, niña hermosa;   si te paso, ¿que me dáis?
—Te doy mis alhajas de oro,   que es mi único capital.
4 —Yo no quiero alhajas de oro,   lo que quiero es algo más...

❧

16cc Versión de TOBOSI (Cartago), cantada por Alice Alvarado, 35
años, el 10 de julio de 1979.

—Barquero, ¿querés pasarme   al otro lado del mar?
2 —Sí te paso; niña hermosa,   si te paso, ¿qué me das?

❧

16dd Versión de QUEBRADILLA (Cartago), cantada por Ana Silán
Molina-Navarro, 13 años, el 15 de julio de 1975.

—Barquero, ¿quierés pasarme   al otro lado del mar?
2 —Si te paso, niña hermosa;   si te paso, ¿qué me das?
—Te doy mis alhajas de oro,   que es mi único capital.
4 —Alhajas de oro no quiero;   lo que quiero es algo más.
—Barquero, dime's que quiere,   que no me quierés decir.
6 —Lo que quiero es un besito   de tus labios de coral.
La niña le dio el besito;   barquero la pasó al mar.
8 —Adiós, barquerito hermoso;   adiós para siempre, adiós.

_____

5 dime's [sic]

❧

16ee Versión de QUEBRADILLA (Cartago), cantada por Celina Brenes
de Flores, 57 años, el 15 de julio de 1975.

—Barquero, ¿quierés pasarme   al otro lado del mar?
2 —Si, te paso, niña hermosa;   si te paso, ¿qué me das?
—Te daré mis alhajas de oro   que es mi único capital.

4 —Yo no quiero alhajas de oro,   lo que quiero es algo más.
—Barquerito, dime lo que quieres,   que no me quierés pasar.
6 —Lo que quiero es un besito   du tus labios de coral.
La niña le dio el beso   y el barquero la pasó.
8 —¡Qué besito tan sabroso,   que hasta el corazón llegó!

🌿

16ff Versión de SAN RAFAEL DE CARTAGO (Cartago), cantada por Elia Mora Agüero de Calderón, 68 años, el 21 de julio de 1979.

—Barquero, ¿querés pasarme   a la otra orilla del mar?
2 —Si te paso, niña hermosa;   si te paso, ¿qué me dais?
—Te doy mis alhajas de oro,   que es mi único capital.
4 —Yo no quiero alhajas de oro;   lo que quiero es algo más.
—Barquero, ¿qué es lo que quieres,   que no me quieres
                                pasar?
6 —Lo que quiero es un besito   de tus labios de coral.
La niña le dio el besito   y el barquero la pasó.
8 —Adiós, barquerito hermoso,   adiós para siempre, adiós.
—El besito que me diste   todavía traigo aquí.
10 —¡Qué besito más sabroso,   que hasta el corazón llegó!

🌿

16gg Versión de CARTAGO (Cartago), cantada por Jenny Sáenz de Cruz, 59 años, el 17 de julio de 1975.

—¿Barquero, ¿querés pasarme   a la otra orilla del mar?
2 —Si te paso, niña hermosa;   si te paso, ¿qué me das?
—Te doy mis alhajas de oro,   que es mi único capital.
4 —Yo no quiero alhajas de oro;   lo que quiero es algo más.
—Barquero, ¿qué es lo que quieres,   que no me querés
                                pasar?
6 —Lo que quiero es un besito   de tus labios de coral.
La niña le dio el besito   y el barquero la pasó.
8 —¡Qué besito tan sabroso,   que hasta el corazón llegó.

🌿

16hh Versión de CARTAGO (Cartago), cantada por Francisca Solano de Guevara, 54 años, el 16 de julio de 1979.

—Barquero, ¿querés pasarme   el otro lado del mar?
2 —Si te paso, niña hermosa;   si te paso, ¿qué me das?
  —Te doy mis alhajas de oro,   que es mi único capital.
4 —Yo no quiero alhajas de oro;   lo que quiero es algo más.
  Lo que quiero es un besito   de tu boca de cristal.
6 La niña le dio el besito;   y el barquero la pasó.
  —¡Ay, qué besito tan sabroso,   que hasta el corazón llego!

🌿

16ii Versión de CARTAGO (Cartago), cantada por un grupo de ancianas del Asilo de la Vejez de Cartago, el 13 de julio de 1979.

—Barquero, ¿querés pasarme   a la otra orilla del mar?
2 —Si te paso, niña hermosa;   si te paso, ¿qué me das?
  —Te doy mis alhajas de oro,   que es mi único cpaital.
4 —Yo no quiero alhajas de oro   ...
  Lo que quiero es un besito   de tu boquita de coral.
6 La niña le dio el besito;   el barquero la pasó.
  —¡Qué besito tan sabroso,   hasta el corazón me llegó!

🌿

16jj Versión de CARTAGO (Cartago), cantada por María de los Angeles de Llanto, 35 años, el 15 de julio de 1975.

—Barquero, ¿quierés pasarme   al otro lado del mar?
2 —Si te paso, niña hermosa;   si te paso, ¿qué me da?
  —Te doy mis alhajas de oro,   que es mi único capital.
4 —Yo no quiero alhajas de oro;   lo que quiero es algo más.
  —Barquero, dime que quieres,   que no me querés pasar.
6 —Lo que quiero es un besito   de tus labios de coral.

🌿

16kk Versión de CARTAGO (Cartago), cantada por Xinia Gutiérrez Alvarado, 14 años, julio de 1979.

—Barquero, ¿quieres pasarme   al otro lado del mar?
2 —Si te paso, niña hermosa;   si te paso, ¿qué me das?
  —Te doy mis alhajas de oro;   es mi único capital.
4 —Yo no quiero alhajas de oro;   que quiero es algo más.
  —Barquero dime's que quieres   ...
6 —Lo quiero es un besito   de tu boca de coral.

16ll Versión de CARTAGO (Cartago), cantada por Emilia Prieto, 73 años, el 11 de julio de 1975.

  —Barquero, ¿quieres pasarme   al otro lado del mar?
2 —Si te paso, niña bella;   si te paso ¿qué me das?
  —Te doy mis alhajas de oro,   que es mi único capital.
4 —Yo no quiero alhajas de oro;   lo que quiero es algo más.
  —Barquero, di lo que quieres,   que no me quieres pasar.
6 —Lo que quiero es un besito   de tus labios de coral.

16mm Versión de CARTAGO (Cartago), cantada por Gonzalo Cruz-Mena, 60 años, el 15 de agosto de 1973.

  —Barquero, ¿querés pasarme   al otro lado del mar?
2 —Si, te paso, niña hermosa;   si te paso, ¿qué me das?
  —Te doy mis alhajas de oro,   que es mi único capital.
4 —Yo no quiero alhajas de oro;   lo que quiero es algo más.
  Lo que quiero es un besito   de tus labios de coral.

16nn Versión de CARTAGO (Cartago), cantada por un grupo de ancianas del Asilo de la Vejez de Cartago, el 13 de julio de 1979.

  —Barquero, ¿querés pasarme   y al otro lado del mar?
2 —No te paso, niña hermosa;   si no dices, qué me das.
  —Yo te doy alhajas de oro,   que es el único capital.
4 Y el barquero la pasó.

17. Mambrú (á)
(28 / X-19)

17a Versión de SANTA CRUZ DE GUANACASTE (Guanacaste), cantada
por Adela Leal-Gómez, 40 años, el 21 de agosto de 1973.

Mambrú se fue a la guerra,   ¡qué dolor, qué dolor, qué
                                                         pena!
2 Mambrú se fue a la guerra,   ¿ay, cuándo volverá?
Ay dó, ré, mí, ay dó, ré, fá...
4 Por no tener padrino,   ¡qué dolor, qué dolor, qué pena!
Por no tener padrino,   se fue sin bautizar,
6 Ay dó ré mí, ay dó ré fá...

🙢

17b Versión de SAN RAMÓN (Alajuela), cantada por Thaïs Ramírez-
Salas, 17 años, el 12 de julio de 1979.

Mambrú se fue a la guerra,   qué dolor, qué dolor, qué pena.
2 Mambrú se fue a la guerra,   no sé cuando vendrá,
Do, ré, mí, do ré, fá,   no sé cuando vendrá.
4 Vendrá para la Pascua,   para la Pascua o por la Trinidad,
do, ré, mí, do ré fá,   o por la Trinidad.

🙢

17c Versión de COLINA DE TIBÁS (San José), cantada por Lía Lobo de
Guerrero, 58 años, el 19 de julio de 1979.

Mambrú se fue a la guerra,   qué dolor, qué dolor, qué pena.
2 Mambrú se fue a la guerra,   digamos lo habla la gente.

🙢

17d Versión de SAN ISIDRO DE PURISCAL O BARBACOAS (San José),
cantada por Leticia Salazar Fonseca, 13 años, el 1 de agosto de
1979.

Mambrú se fue a la guerra,   dó ré mí, fá sól lá.
2 Mambrú se fue a la guerra,   no sé cuando vendrá,
dó ré mí, fá sol lá,   no sé cuando vendrá.

4 Vendrá para la Pascua,   dó ré mí, fá sol lá,
  vendrá para la Pascua,   o para Navidad,
6 dó ré mí, fá sol lá,   o para Navidad.

🌿

17e Versión de SAN ISIDRO DE EL GENERAL (San José), cantada por Lucrecia Vargas Fallas, 26 años, el 14 de julio de 1979.

  Mambrú se fue a la guerra,   qué dolor, qué dolor, qué pena.
2 Mambrú se fue a la guerra,   y nunca regresó,
  ay, yay, yay, qué dolor,   y nunca regresó.

🌿

17f Versión de COT (Cartago), recitada por María Granados, 22 años, el 23 de agosto de 1973.

  Mambrú se fue a la guerra   y no sé cuando vendrá.
2 Vendrá para la Pascua   o para la Trinidad.
  —Allá veo un soldado;   ¿Qué noticias tendrá?
4 —La noticia que traigo   ya se la voy a dar.
  Mambrú se ha muerto en guerra;   Mambrú no vuelve más.
6 Mambrú se ha muerto en guerra,   qué dolor, qué dolor, qué
                                              pena;
  Mambrú se ha muerto en guerra;   Mambrú no vuelve más.

🌿

17g Versión de CARTAGO (Cartago), cantada por Jorge Alberto Cruz-Sáenz, 21 años, el 15 de agosto de 1973.

  Mambrú se fue a la guerra   montado en una perra.
2 La perra se cayó;   Mambrú se descalabró.

🌿

17h Versión de CARTAGO (Cartago), cantada por Simón Bolívar de Chacón, 40 años, el 25 de agosto de 1973.

  Mambrú se fue a la guerra,   lará, lá lá lá lá rá lá.
  Mambrú se fue a la guerra,   tal vez no volverá.
2 Regresará en Pascua,   lará, lará, lará, rá, rá.
  Regresará en Pascua   o para Trinidad.

La Trinidad pasó ya,   lará, lá lá lará lá lá.
La Trinidad pasó ya,   lará, lará, lará.

6 Se repiten los estribillos

🍃

17i Versión de Cartago (Cartago), cantada por Simón Bolívar de Chacón, 40 años, el 25 de agosto de 1973.

Alfonso fue a la guerra,   qué dolor, qué dolor, qué pena.
2 Alfonso fue a la guerra,   ¿y cuándo volverá?
Dó ré mí, dó ré fá,   ¿y cuándo volverá?
4 La noticia que traigo,   qué dolor, qué dolor, qué pena;
la noticia que traigo   es que Alfonso se murió,
6 dó ré mí, dó ré fá,   que Alfonso se murió.

🍃

17j Versión de Cartago (Cartago), cantada por Leda María Cruz de Montero, 34 años, el 14 de julio de 1975.

Mambrú se fue a la guerra,   ¡qué dolor, qué dolor, qué pena!
2 Mambrú se fue a la guerra,   ¿y cuándo volverá?
Allá viene un paje,   ¡qué dolor, qué dolor, qué pena!
4 Allá viene un paje,   ¿qué noticias traerá?
—La noticia que traigo,   ¡qué dolor, qué dolor, qué pena!
6 La noticia que traigo,   Mambrú ya se murió.
Mambrú se fue a la guerra,   ¡qué dolor, qué dolor, qué pena!
8 Mambrú se fue a la guerra,   y nunca volverá.

🍃

17k Versión de Cartago (Cartago), cantada por Celina Velerín Acevedo, 75 años, el 17 de julio de 1979.

Mambrú se fue a la guerra,   ay qué dolor, qué dolor, qué pena.
2 Mambrú se fue a la guerra,   no sé cuando volverá.
Dó ré mí, dó ré fá,   no sé cuando volverá.

171 Versión de CARTAGO (Cartago), cantada por Francisca Solano
de Guevara, 54 años, el 16 de julio de 1979.

Mambrú se fue a la guerra   montado en una perra.
2 La perra se cayó,   y Mambrú se descalabró.

18. A Atocha va la niña (á-a)
(29/)

18a Versión de Liberia (Guanacaste), cantada por Zeide Guevara de Cibaja, 43 años, el 4 de agosto de 1979.

<blockquote>

En coche va una niña, caraví,
2 hija de un capitán,   caraví rú rí, caraví rú rá.
¡Qué lindo pelo tiene! caraví.
4 ¿Quién se lo peinará?   Caraví...
Lo peinará su tía, caraví,
6 con peinecillo de oro,   caraví...
Elisa ya está muerta, caraví.
8 La llevan a enterrar,   caraví...
con cuatro zopilotes, caraví.
10 y un cura sacristán,   caraví...

</blockquote>

1, 2, 3, 5, 7, 9 Se repite el verso.
4, 6, 8, 10 Se canta el estribillo del v. 2 y se repite todo el verso.

✤

18b Versión de Lagunilla de Santa Cruz (Guanacaste), cantada por María Leal de Noguera, 83 años, el 21 de agosto de 1973.

<blockquote>

En coche va una niña, caraví,
2 hija de un capitán, caraví rú rí, caraví rú rá.
¡Qué hermoso pelo tiene, caraví!
4 ¿Quién se lo peinará? Caraví...

</blockquote>

1, 2, 3 Se repite el verso.
4 Se canta el estribillo del v. 2 y se repite todo el verso.

✤

18c Versión de San Ramón (Alajuela), cantada por Katia Ramírez Freer, 10 años, el 12 de julio de 1979.

<blockquote>

En coche va una niña, caraví,
2 hija de un capitán, caraví, rú, rí, caraví, rú rá.
¡Qué hermoso pelo tiene, caraví!

</blockquote>

4 ¿Quién se lo peinará? Caraví, rú rí, caraví, rú rá.
Se lo peinará su tía, caraví,
6 con peinecito de oro y horquilla de cristal.

---

6 Cada verso se repite.

❧

18d Versión de SAN PEDRO DE BARBARA (Heredia), cantada por
Virgita González Penaranda, 45 años, el 24 de julio de 1979.

En coche va una niña, caraví,
2 hija de un capitán, caraví rú rí, caraví rú rá.
¡Qué hermoso pelo tiene, caraví!
4 ¿Quién se lo peinará? Caraví...
Se lo peinará su tía, caraví,
6 con mucha suavidad, caraví...

1, 2, 3, 5 Se repite el verso.
4, 6 Se canta, "caraví rú rí, caraví rú rá," y se repite todo el verso.

❧

18e Versión de SAN JOAQUIN DE FLORES (Heredia), cantada por
María de los Angeles de Soto, 45 años, el 24 de julio de 1979.

En coche va una niña, caraví,
2 hija de un capitán, caraví rú rí, caraví rú rá.
¡Qué hermoso pelo tiene, caraví!
4 ¿Quién se lo peinará? Caraví...
Lo peinará su tía, caraví,
6 con mucha suavidad, caraví...,
con peinecito de oro, caraví.
8 y horquilla de cristal, caraví...
Elisa está enferma, caraví.
10 La llevan a enterrar, caraví...,
con cuatro generales, caraví.
12 y un cura sacristán, caraví...
Encima de la tumba, caraví,
14 un pajarillo va, caraví...
cantando el pío, pío, caraví,
16 El pío, pío, pá, caraví...

1, 2, 3, 5, 7 Se repite el verso.
4, 6, 8 Se repite el verso con el estribillo de verso 2.

18f Versión de SANTA MARIA DE DOTA (San José), cantada por Grace María Navarro Ramírez, 13 años, el 15 de julio de 1979.

> En coche va una niña, caraví,
> 2 hija de un capitán, caraví, rú rí, caraví, rú rá.
> ¡Qué hermoso pelo tiene! Caraví.
> 4 ¿Quién se lo peinará?
> La peinará su tía, caraví.
> 6 con mucha suavidad,
> con peinecito de oro, caraví.
> 8 y horquilla de cristal,
> Elisa está enferma, caraví.
> 10 Quizás no sanará,
> Elisa ya está muerta, caraví.
> 12 La llevan a enterrar,
> con varios oficiales, caraví
> 14 y una curba sacristán,
> Encima de la tumba, caraví.
> 16 de un pajarillo va,
> cantando el pío, pío, caraví,
> 18 el pío, pío, pán, caraví rú rí, caraví rú rá.

1, 3, 5, 7... el verso se repite.
2, 4, 6, 8... caraví, rú rí, caraví, rú rá, y todo el verso se repite.
14 [sic] "un cura"

18g Versión de SAN ISIDRO DE PURISCAL O BARBACOAS (San José), cantada por Leticia Salazar Fonseca, 13 años, el 1 de agosto de 1979.

> En coche va una niña, caraví,
> 2 hija de un capitán, caraví rú rí, caraví rú rá.
> ¡Qué hermoso pelo tiene! Caraví.
> 4 ¿Quién se lo peinará? Caraví...
> La peinará su tía, caraví,

6 con mucha suavidad, caraví...
  con peinecito de oro, caraví.
8 y perlas de cristal, caraví...
  Elena ya está enferma, caraví.
10 Quizá no sanará, caraví...
  Elena ya está muerta, caraví.
12 La llevan a enterrar, caraví...
  con cinco zopilotes, caraví,
14 y un montón de sacristán, caraví...
  cantando el pío, pío, caraví,
16 el pío, pío, pán, caraví...

1, 2, 3, 5, 7... Se repite el verso.
4, 6, 8... Se canta el estribillo del segundo verso y se repite todo.

18h Versión de COT (Cartago), recitada por María Granados, 22
    años, el 23 de agosto de 1973.

En coche va una niña, caraví,
2 hija de un capitán,   caraví dú rí, caraví dú rá.
¡Qué hermoso pelo tiene!   ¿Quién se lo peinará?
4 Lo peinará su tía,   con mucha suavidad,
con peinecito de oro   y horquillas de cristal.
6 Elisa está enferma;   quizá no sanará.
Elisa ya está muerta;   la llevan a enterrar,
8 con cuatro oficiales   y un cura sacristán.
Encima de la tumba,   un pajarillo va,
10 cantando el pío pío,   el pío pío pá.

1 se repite el verso.

18i Versión de CARTAGO (Cartago), copiada por Jorge Alberto
    Crua-Sáenz, 21 años, de un cuaderno de la Sra. de Vargas, el
    25 de septiembre de 1973.

En coche va una niña, carabín,
2 hija de un capitán,   carabí rurí carabí rurá.
¡Qué hermoso pelo tiene! Carabín.

4 ¿Quién se lo peinará?   Carabí...
  Lo peinará su tía, carabín,
6 con mucha suavidad, carabí...
  con peinecito de oro, carabín,
8 y horquilla de cristal,   carabí...
  Elisa está enferma, carabín,
10 quizás no sanará,   carabí...
   Elisa ya está muerta, carabín,
12 la llevan a enterrar, carabí...
   con varios oficiales, carabín,
14 y un cura sacristán,   carabí...
   Encima de la tumba, carabín,
16 un pajarillo va,   carabí...
   cantando el pío, pío, carabín,
18 el pío pío pá, carabí...

_____

4,6,8,10,12,14,16,18 se repite el estribillo del v. 2

18j Versión de CARTAGO (Cartago), cantada por Leda María Cruz
    de Montero, 34 años, el 14 de julio de 1975.

   En coche va una niña, carabín,
2 hija de un capitán,   carabí rurí, carabí rurá.
  ¡Qué hermoso pelo tiene! Carabín,
4 ¿Quién se lo peinará?   Carabí rurí, carabí rurá.
  Lo peinará su tía, carabín,
6 con mucha suavidad,   carabí rurí, carabí rurá,
  Con peinecito de oro, carabín,
8 y horquillas de cristal,   carabí rurí, carabí rurá.
  La niña ya está muerta, carabín;
10 la llevan a enterrar,   carabí rurí, carabí rurá.
   En cajita de oro, carabín,
12 con tapa de cristal,   carabín rurí, carabí rurá.
   Encima de la caja, carabín,
14 un pajarillo va,   carabí rurí, carabí rurá,
   cantando el pío, pío, carabín,
16 el pío, pío, pá,   carabírurí, carabírurá.

18k Versión de CARTAGO (Cartago), cantada por Jorge Alberto Cruz-Sáenz, 21 años, el 15 de agosto de 1973.

En coche va una niña, carabín,
hija de un capitán carabí, rurí, carabí rurá.
2 ¡Qué hermoso pelo tiene! Carabín.
¿Quién se lo peinará? carabí, rurí, carabí rurá.
Lo peinará su tía, carabín,
con mucha suavidad, carabí rurí, carabí rurá,
4 con peinecito de oro, carabín,
y horquilla de cristal, carabí rurí carabí rurá.
Elisa está enferma, carabín;
quizás no sanará carabí rurí, carabí rurá.
6 Elisa ya está muerta, carabín;
la llevan a enterrar carabí rurí, carabí rurá,
con varios oficiales, carabín,
y un cura sacristán, carabí rurí, carabí rurá.
8 Encima de la tumba, carabín,
un pajarillo va, carabí rurí, carabí rurá.
cantando el pío, pío, carabín;
el pío pío pá, carabí rurí, carabí rurá.

❧

18l Versión de CARTAGO (Cartago), cantada por Francisca Solano de Guevara, 54 años, el 16 de julio de 1979.

En coche va una niña, caraví,
2 hija de un capitán, caraví rú rí, caraví, rú rá.
¡Qué hermoso pelo tiene! Caraví.
4 ¡Quién se lo peinará?
La peinará su tía, caraví.
6 con mucha suavidad,
con peinecito de oro, caraví.
8 Y horquilla de cristal.

1, 3, 5, 7 el verso se repite.
2, 4, 6, 8 sigue el verso, caraví rú rí, caraví rú rá, y todo se repite.
4 La [sic]

18m Versión de CARTAGO (Cartago), cantada por la escuela de Jesús Jiménez; alumnos de 5 años, el 26 de julio de 1979.

En coche va una niña, caraví,
2 hija de un capitán, caraví, rú rí, caraví, rú rá.
¡Qué hermoso pelo tiene! Caraví,
4 ¿Quién se lo peinará? caraví...
Lo peinará su tía, caraví.
6 con mucha suavidad, caraví...,
con peinecito de oro, caraví.
8 y horquilla de cristal, caraví...

1, 2, 3, 5 se repite el verso.
4, 6, 8 se canta el estribillo del verso 2 y se repite todo el verso.

18n Versión de CARTAGO (Cartago), cantada por Simón Bolívar de Chacón, 40 años, el 25 de agosto de 1973.

En coche va una niña, caraví,
2 hija de un capitán, caraví dú rí, caraví dú rá.
¡Qué hermoso pelo tiene!   ¿Quién se lo peinará?
4 Lo peinará su tía,   con mucha suavidad,
con peinecito de oro,   y horquillas de cristal.
6 Elisa ya está enferma;   quizá se morirá.
Elisa ya está muerta;   la llevan a enterrar.
8 Encima de la tumba,   un pajarillo va,
cantando el pío pío, caraví,   el pío pío pá,
caraví dú rí caraví dú rá.

1, 2, 9 se repite el verso.

18o Versión de CARTAGO (Cartago), cantada por Gabriela Alejandre Sáenz, 10 años, el 20 de julio de 1979.

En coche va una niña, caraví,
2 hija de un capitán,   caraví rú rí, caraví, rú rá.
¡Qué hermoso pelo tiene! Caraví.

4 ¿Quién se lo peinará? Caraví rú rí, caraví, rú rá.
  Se lo peinará su tía, caraví,
6 con peine de cristal, caraví rú rí, caraví rú rá.

1ff Los versos se repiten.

&

18p Versión de CARTAGO (Cartago), cantada por Mercedes Campo-
Segura, 8 años, el 16 de julio de 1975.

    En coche va una niña, caraví,
  2 hica de un capitán,   caraví rurí, caraví rurá.

            . . . .

    Con peinecito de oro, caraví,
  4 y horquilla de cristal, caraví rurí, caraví rurá.

1, 2, 3, 4 el verso se repite.
2 hica—[sic]

&

18q Versión de ROBLES, LA PALMA (Puntarenas), cantada por Sidey
Mena Rojas, 20 años, el 14 de julio de 1979.

    En coche va una niña,   caraví, rú rí, caraví, rú rá,
  2 hija de un capitán,   caraví, . . .
    ¡Qué hermoso pelo tiene! Caraví, . .
  4 ¿Quién se lo peinara?   Caraví, . . .
    Se lo peinará su tía,   caraví, . .
  6 con peinecito de oro,   caraví, . .

---

1 se repite el verso
2, 3, 4, 5, 6 caraví, rú rí, caraví, rú rá

19. Santa Catalina (polias.)
(30/U-9)

19a Versión de Santa Cruz de Guanacaste (Cartago), cantada por
Leonor Jáen-Espinosa, 13 años, el 21 de agosto de 1973.

La Santa Catalina,   pitirín, pitirín, pín pón.
2 era hija de un rey, —ey, —ey.
Un día en que rezaba,   pitirín...
4 su padre la encontró, —ó, —ó.
—¿Qué haces, Catalina,   pitirín...
6 en esa posición?
—Yo rezo a Dios, mi padre,   pitirín...
8 que está en el cielo.
Sacando la pistola,   pitirín...
10 de un tiro la mató.
Los ángeles del cielo,   pitirín...
12 cantaron aleluia.
Los diablos del infierno,   pitirín...
14 bailaron Charlestón.

3, 5, 7, 9, 11, 13 el estribillo se repite.

19b Versión de Santa Barbara (Heredia), cantada por Pablo
Villalobo González, 12 años, el 24 de julio de 1979.

La Santa Catalina, pín, pirirím, pirirím, pín pón,
2 era hija de un rey, —éy, —éy.
Púm, chis puas goli goli goli pirím cín pón.
4 Su padre era pagano, pím, pirirím, pirirím, pín pón,
pero su madre nó, —ó, —ó.
6 Púm...
Un día estaba rezando, pín, pirirím, pirirím, pín pón,
8 su padre la encontró, —ó, —ó.
Púm...
10 —¿Qué haces hija mía, pín, pirirím, pirirím pín pón,
en esa posición, —ón, —ón?
12 Púm...
Le rezo a Dios mi padre, pím, pirirím, pirirím, pín pón.
14 —Que no conoces tú, —ú, —ú.
Púm...

16 Los angeles del cielo, pín, piririm, piririm, pín pón,
   bailaban rock 'n roll, —ól, —ól.
18 Púm...
   Los diablos del infierno, pín, piririm, piririm, pín pón,
20 Bailaban Charlestón, —ón, —ón.
   Púm...

6, 9, 12, 15, 18, 21 se repite el estribillo

19c Versión de VILLA COLÓN (San José), cantada por Katty Silva
    Benavides, 12 años, el 20 de julio de 1979.

   La Santa Catalina,   pín, piririn, piririn, pín pón,
2 era hija de un rey, —ey, —ey.
   Su padre era pagano, pín...
4 pero su madre no, —ó, —ó.
   Un día mientras rezaba, pín...
6 su padre la encontró, —ó, —ó.
   ¿Qué haces, hija mía, pín...
8 en esa posición? —ón, —ón.   —¿Qué haces...
   Le rezo a Dios, mi padre, pín...   —Le rezo...
10 que no conoces tú, —ú, —ú.
   O deja de rezar, pín...   —O deja...
12 o te mato yo, —ó, —ó.
   Desenvainó su espada, pín...
14 y seca la dejó, —ó, —ó.
   Lo angeles del cielo, pín...
16 bailaron Charlestón, —ón, —ón.
   Los diablos del infierno, pín...
18 bailaron rock 'n roll, —ol, —ol.

3, 5, 7, 9, 11, 13, 15, 17 se repite el estribillo.

19d Versión de CARTAGO (Cartago), cantada por Jorge Alberto
    Cruz-Sáenz, 21 años, el 15 de agosto de 1973.

   La Santa Catalina   pím pirulín pirulín púm púm,
2 era hija de un rey,   era hija de un rey,
   era hija de un rey, púm.

4 Su padre era pagano,   pím...
  pero su madre, no.
6 Un día el rey su padre,   pím...
  rezando la encontró.
8 —¿Qué haces, Catalina,   pím...
  en esa posición?
10 —Le rezo a Dios, mi padre,   pím...
  que no conoces tú.
12 —O dejas de rezar, pím...
  o yo te mataré.
14 —Pues tú me matarás,   pím...
  pero yo rezaré.
16 Echó mano a su espada,   pím...
  y muerta la dejó.
18 Los ángeles del Cielo,   pím...
  llevaron su alma a Dios.

4, 6, 8, 10, 12, 14, 16, 18 se repite el estribillo

🌿

19e Versión de CARTAGO (Cartago), copiada por Jorge Alberto
Cruz-Sáenz, 21 años, de un cuaderno de la Sra. de Vargas, el
25 de septiembre de 1973.

  La Santa Catalina,   pím, pirulín pirulín púm púm,
2 era hija de un rey.
  Su padre era pagano,   pím...
4 pero su madre no.
  Un día el rey su padre,   pím...
6 rezando la encontró.
  —¿Qué haces, Catalina,   pím...
8 en esa posición?
  —Le rezo a Dios, mi padre,   pím...
10 que no conoces tú.
  —O dejas de rezar,   pím...
12 o yo te mataré.
  —Pues tú me matarás,   íim...
14 pero yo rezaré.
  Echó mano a su espada,   pím...
16 y muerta la dejó.
  Los ángeles del cielo,   pím...
18 llevaron su alma a Dios.

3, 5, 7, 9, 11, 13, 15, 17 se repite el estribillo

19f Versión de CARTAGO (Cartago), cantado por: Rodrigo Villalta,
11 años; Juan Carlos Mena-Villalta, 12 años; Alejandro
Villalta-Madrigal, 8 años; Marco Antonio Villalta, 10 años;
Lionel Villalta-Madrigal, 10 años; y María Eugenia Villalta-
Bonilla, 14 años, el 15 de julio de 1975.

La Santa Catalina,   piririn, piririn, pín pón,
2 era hija de un rey, —ey, —ey.
Su padre era pagano, piririn, piririn, pín, pón,
4 pero su madre no, —o, —o.
Un día que estaba rezando, piririn, piririn, pín, pón.
6 su padre la encontró, —ó, —ó.
—¿Qué haces, catalina, piririn, piririn, pín, pón,
8 en esa posición, —ón, —ón?
—Yo rezo a Dios, mi padre, piririn, piririn, pín, pón,
10 que no conoces tú, —ú, —ú.

19g Versión de CARTAGO (Cartago), cantada por Gabriela
Alejandre Sáenz, 10 años, el 20 de julio de 1979.

La Santa Catalina,   tirín, tirín, tín, tú,
2 era hija de un rey, —ey, —ey.
Su padre era pagano, tirín, tirín, tín, tú.
4 peró su madre no, —o, —o.

20. La Pastora y su gatito (í-o)
(31 / W-5)

20a Versión de LIBERIA (Guanacaste), cantada por Adela Muñoz Rovera, 82 años, el 4 de agosto de 1979.

```
    Estaba una pastora,     larán larán, larito,
 2  estaba una pastora      cuidando el rebañito.
    Con leche de sus cabras,     larán larán, larito,
 4  con leche de sus cabras,     hacía su quesito.
    El gato la miraba,      larán larán, larito,
 6  El gato la miraba,      con ojos golositos.
    —Gato, no eches la uña,     larán larán, larito,
 8  —Gato, no eches la uña,     ni estropes el quesito.
    El gato echó la uña,    larán larán, larito,
10  el gato echó la uña     y estropeó el quesito.
    La pastora enfadada,    larán larán, larito,
12  la pastora enfadada,    castigó a su gatito.
```

20b Versión de LIBERIA (Guanacaste), cantada por Matilde Ruíz de Cañas, 88 años, el 4 de agosto de 1979.

```
    Estaba una pastora,     larán larán larito,
 2  estaba una pastora      cuidando el rabañito.
    Con leche de sus cabras     hacía su quesito.
 4  El gato la miraba      con ojos golositos.
    La pastora enfadada,    larán larán larito,
 6  la pastora enfadada,    destrozó su quesito.
    —Gato, no eches la uña,     larán larán larito.
 8  —Gato, no eches la uña     y destroces el quesito.
```

3, 4 se repite el verso

20c Versión de LIBERIA (Guanacaste), cantada por Danilo Baltodano Muñoz, 43 años, el 4 de agosto de 1979.

```
    Estaba una pastora,     larán larán, larito,
 2  estaba una pastora      cuidando un rebañito.
    Con leche de sus cabras     hacía su quesito.
```

4 El gato la miraba con ojos golositos.
 —Gato, no eches la uña y destroces el quesito.
6 El gato echó la uña y destrozó el quesito.
 La pastora enfadada, castigó a su gatito.

❧

20d Versión de LAGUNILLA DE SANTA CRUZ (Guanacaste), cantada por
 María Leal de Noguera, 83 años, el 21 de agosto de 1973.

 Estaba la pastora, larán larán, larito,
2 estaba la pastora cuidando el rebañito.
 Con leche de sus cabras, hacía así un quesito.
4 El gato la miraba, larán, larán, larito,
 el gato la miraba, con ojos golositos.
6 —Gato, no eches la uña, y destroces el quesito.
 El gato echó la uña, larán, larán, larito.
8 El gato echó la uña, y destrozó el quesito.

3, 6 se repite el verso.

❧

20e Versión de COT (Cartago), recitada por María Granados, 22
 años, el 23 de agosto de 1973.

 Estaba la pastora, larán larán lorito,
2 estaba la pastora, haciendo un quesito,
 con leche de su cabra larán larán lorito.
4 Un gato la miraba, larán larán lorito,
 un gato la miraba, con ojos golositos.
6 —Si tú metes la uña, larán larán lorito,
 si tú metes la uña, te cortaré el rabito.
8 El gato la metió y le cortó el rabito.
 La pastora, con pesar, fue al padre Benito.
10 —A vos, padre me acuso que le corté el rabito.
 —De penitencia pongo, larán larán lorito,
12 de penitencia pongo, que me regales un quecito,
   larán larán lorito

❧

20f Versión de TRES RÍOS (Cartago), cantada por Leticia Fonseca-Céspedes, 85 años, el 26 de agosto, 1973.

	Estaba la pastora,	larán, larán, larito,
2	estaba la pastora,	cuidando su rebañito.
	El gato la miraba,	larán, larán, larito,
4	el gato la miraba,	y comía su quesito.

20g Versión de CARTAGO (Cartago), cantada por Francisca Solano de Guevara, 54 años, el 16 de julio de 1979.

	Estaba una pastora,	larán, larán, larito,
2	estaba una pastora,	cuidando un rebañito.
	Con leche de sus cabras,	larán, larán, larito,
4	con leche de sus cabras,	hacía su quesito.
	El gato la miraba,	larán, larán, larito,
6	el gato la miraba,	con ojos golositos.
	—Gato, no eches la uña,	larán, larán, larito,
8	gato, no eches la uña,	que estropees el quesito.
	El gato echó la una,	larán, larán, larito,
10	el gato echó la una,	y estropeó el quesito.
	La pastora enfadada,	larán, larán, larito,
12	la pastora enfadada,	castigó a su gatito.

20h Versión de PURISCAL (San José), cantada por Emma Benegas Salazar, 64 años, el 13 de julio de 1979.

	Estaba una pastora,	larán, larán, larito,
2	estaba una pastora,	cuidando su quesito.
	El gato la miraba,	larán, larán, larito,
4	el gato la miraba	con ojos golositos.

20i Versión de CARTAGO (Cartago), cantada por Mercedes Campo-Segura, 8 años, el 16 de julio de 1975.

	Estaba la pastora	larán, larán, larito,
2	estaba la pastora	cuidando el rebañito.
	El gato la miraba	con ojos golositos.
4	—Gato no eche la uña...	

20j Versión de CARTAGO (Cartago), cantada por Celina Valerín Acevedo, 75 años, el 17 de julio de 1979.

Estaba una pastora,   larán, larán, larito,
2 estaba una pastora,   cuidando un rebañito.

El gato la miraba....

20k Versión de CARTAGO (Cartago), de Emilia Prieto, 73 años, el 11 de julio de 1975.

Estaba una pastora,   larán, larán, larito,
2 estaba una pastora,   cuidando su rebañito.

20-l Versión de SAN PEDRO DE BARBARA (Heredia), cantada por Virgita González Penaranda, 45 años, el 24 de julio de 1979.

Estaba la pastora,   larán larán, larito,
2 estaba la pastora   cuidando su quesito.
El gato la miraba,   larán larán, larito,
4 el gato la miraba   con ojos golositos.
—Gato, no eche la uña,   larán larán, larito,
6 gato, no eche la uña   y me rompe el quesito.
El gato echó la uña   y destrozó el quesito.
8 La pastora enfadada,   larán larán, larito.
la pastora enfadada   castigó al gatito.

6, 7 Se repite el verso.

20m Versión de SANTA BARBARA (Heredia), cantada por Fidelis María Jiménez, 74 años, el 24 de julio de 1979.

Estaba una pastora,   larán larán, larito,
2 estaba una pastora   cuidando un rebañito.
El gato la miraba,   larán larán, larito,
4 el gato la miraba,   cuidando un quesito.

—Gato, no eche la uña,   larán larán, larito,
6 gato, no eche la uña,   y razguña el quesito.
El gato echó la uña,   larán larán, larito.
8 el gato echó la uña   y razguñó el quesito.
La pastora enfadada,   larán larán, larito.
10 la pastora enfadada,   pególe a su gatito.

21. Doña Ana (polias.)

21a Versión de LIBERIA (Guanacaste), cantada por Matilde Ruíz de
Cañas, 88 años, el 4 de agosto de 1979.

Vamos a la huerta   del toro, toro, gil,
2 a ver a doña Ana   comiendo perejil.
Doña Ana no está aquí;   anda en su vergel,
4 abriendo la rosa   y cerrando el clavel.

❦

21b Versión de SANTA CRUZ DE GUANACASTE (Guanacaste), cantada
por Marta Vásquez-Chávez, 50 años, el 21 de agosto de 1973.

Vamos a la huerta   del toro, toro, gil,
2 a ver a doña Ana   comiendo perejil.
Doña Ana no está aquí;   anda en su vergel,
4 abriendo la rosa   y cerrando el clavel.
       —¿Qué tal está doña Ana?
6   —Doña Ana está muy malita.
    Vamos...
       —¿Qué tal está doña Ana?
8   —Doña Ana se le cayó un brazo.
    Vamos...
       —¿Qué tal está doña Ana?
10   —Doña Ana se le cayó el otro brazo.
    Vamos...
       —¿Qué tal está doña Ana?
12   —Doña Ana se le cayeron lá dos piernas.
    Vamos...
       —Doña Ana se murío.

❦

21c Versión de SAN JOAQUIN DE FLORES (Heredia), cantada por
María Nela Soto-Arias, 5 años, el 24 de julio de 1979.

Vamos a la huerta   del toro, toro, gil,
2 a ver a doña Ana   comiendo perejil.
Doña Ana no está aquí;   anda en su vergel,
4 abriendo la rosa   y cerrando el clavel.

21d Versión de SANTA ANA (San José), cantada por Crisante
Jiménez Rojas Villegas, 69 años, el 19 de julio de 1979.

Vamos a la huerta   del toro, toro, gil,
2 a ver a doña Ana   comiendo perejil.
Doña Ana no está aquí,   anda en su vergel,
4 abriendo la rosa   y cerrando el clavel.
Ave María, ruega por nosotros.
6 Ahora en la hora   de nuestra muerte en....

❧

21e Versión de VILLA COLÓN (San José), cantada por Nereida
Bustamente Mata, 30 años, el 20 de julio de 1979.

¿Dónde está Doña Ana?   Anda en el cuartel,
2 cortando la rosa   y sembrando el clavel.

❧

21f Versión de SANTA MARIA DE DOTA (San José), cantada por
Grace María Navarro Ramírez, 13 años, el 15 de julio de 1979.

Doña Ana no está aquí;   anda en su vergem,
2 trayendo la rosa   del verde rosal.

1b [sic]. vergel

❧

21g Versión de SAN ISIDRO DE EL GENERAL (San José), cantada por
Lucrecia Vargas Fallas, 26 años, el 14 de julio de 1979.

Vamos a la huerta   del toro, toro, gil,
2 a ver a Doña Ana   comiendo perejil.
Doña Aña no está aquí;   anda en su vergel
4 abriendo la rosa   y cerrando el clavel.

❧

21h Versión de CARTAGO (Cartago), cantada por Simón Bolívar de
Chacón, 45 años, el 23 de agosto de 1973.

   Doña Ana no está aquí;   anda en su vergel,
2 abriendo la rosa   y cerrando el clavel.
      —¿Cómo está doña Ana?
      —Está muy bien.
      —Ay, ¡qué dicha!
4 Doña Ana...
      —¿Cómo está doña Ana?
      —Está un poquito enferma.
      —Ay, ¡qué pena!
6 Doña Ana...
      —¿Cómo está Doña Ana?
      —Está un poquito más mal.
      —Ay, ¡qué pena!
8 Doña Ana...
      —¿Cómo está doña Ana?
      —Está muy grave.
      —Ay, ¡qué miedo!
10 Doña Ana...
      —¿Cómo está doña Ana?
      —Ya se murió.
      —Uy, ¡qué miedo! ¡Corramos!
12 Doña Ana...

                              ❧

21i Versión de CARTAGO (Cartago), cantada por Gabriela Alejan-
    dre Sáenz, 10 años, el 20 de julio de 1979.

   Vamos a la huerta   del toro, toro, gil,
2 a ver a Doña Ana   comiendo perejil.
   Doña Ana no está aquí;   anda en su vergel,
4 abriendo la rosa   cerrando el clavel.

22. Arrullos (Polias.)

22a Versión de SAN JOAQUIN DE FLORES (Heredia), cantada por
María de los Angeles Arias de Soto, 45 años, el 24 de julio de
1979.

    Los dos están dando   y el niño llorando.
2 Enciende un candil;   San José que vela
    y mira qué anda   por la cabecera.
4 Los ángeles,   que van a caballo
    y cogen al niño   envuelto de un paño.
6 ¿De quién son los ángeles?   De Santa María.
    ¿Adónde está María?
8 Anda buscando las llaves   para ver el cielo.

≥∉

22b Versión de SAN JOAQUIN DE FLORES (Heredia), cantada por
María de los Angeles Arias de Soto, 45 años, el 24 de julio de
1979.

    A rú rú mi niño,   ¿qué tengo que hacer?
2 Lava tus mantillas,   sentáme a coser.
    La Virgen lavaba;   San José tendía;
4 el niño lloraba;   Joachín lo mecía.

≥∉

22c Versión de SAN JOAQUIN DE FLORES (Heredia), cantada por
María de los Angeles Arias de Soto, 45 años, el 24 de julio de
1979.

    Señora Sant'Ana,   ¿por qué llora el niño?
2 Por una manzana   que se le ha perdido.

≥∉

22d Versión de SAN ISIDRO DE PURISCAL O BARBACOAS (San José),
cantada por Leticia Salazar Fonseca, 13 años, el 1 de agosto de
1979.

    Señora Sant'Ana,   ¿por qué llora el niño?
2 —Por una manzana   que se le ha perdido.
    —Vamos a Belén;   yo allá tengo dos;

4 una para el niño,   y otra para vos.
  A rú rú mi niño,   ¿Qué tengo que hacer?
6 Lavar tus mantillas,   ponerme a coser.
  La Virgen lavaba;   San José tendía;
8 el niño lloraba;   Joaquín lo mecía.

※

22e Versión de TRES RÍOS (Cartago), cantada por María Leticia de
    Espía, 65 años, el 26 de agosto de 1973.

  Arrónró mi niño,   ¿qué tengo que hacer?
2 Lleva tu mantilla,   sentarme a coser.
  La Virgen lavaba;   San José tendía;
4 el niño lloraba;   Joaquín lo mecía.

※

22f Versión de LLANO GRANDE (Cartago), cantada por María de
    González, 49 años, el 18 de julio de 1975.

  A rú rú mi niño,   ¿qué tengo que hacer?
2 Lavar los pañales,   si los a tender.
  la Virgen lavaba;   San José tendía;
4 y el niño lloraba;   por la Virgen María.
  A rú rú mi niño,   deja de llorar.
6 Que si viene el coco   y te va a llevar.

※

22g Versión de QUEBRADILLA (Cartago), cantada por Ana Silán
    Molina-Navarro, 13 años, el 15 de julio de 1975.

  —Señora Santa Ana,   ve que llora el niño,
2 de una manzana   que se le ha caído.
  Yo te trae tres;   una para el niño;
4 otra para vos;   otra p'a San José.
  A ru ru mi niño,   duérmate ligero
6 ¿Qué tengo que hacer?   Lavar las mantillas;
  sentarme a cocer....

---

3 Trae [sic.]
5 duérmate [sic.]

22h Versión de CARTAGO (Cartago), cantada por Jenny Sáenz de
Cruz, 59 años, el 17 de julio de 1975.

A rú rú niñito,   a rú rú mi niño,
2 duérmete ligero   ¿qué tengo que hacer?
Lavar tus pañales;   sientarme a cocer.
4 A rú rú niñito,   cabeza de ayote,
que si no te duermes,   te come el coyote.

---

5 sientarme [sic.]

23. El Piojo y la Pulga (á)
(32 / W-3)

23a Versión de LIBERIA (Guanacaste), cantada por Zeide Guevara
de Cibaja, 43 años, el 4 de agosto de 1979.

El piojo y la pulga   se quieren casar.
2 Por falta de cura,   no se casarán.
Responde el tío sapo,   por ser más honrado:
4 —Síganse las bodas,   yo caso de fiado.
Ya nada nos falta,   todo lo tenemos.
6 Tan solo un padrino,   ¿de ónde lo cogemos?
Responde un ratón,   que andaba vecino:
8 —Síganse las bodas,   yo voy de padrino.
Ya nada nos falta,   todo lo tenemos.
10 Solo una madrina,   ¿de ónde la cogemos?
Responde una liendra,   desde una pretina:
12 —Síganse las bodas,   yo voy de madrina.
Ya nada nos falta,   todo lo tenemos.
14 Tan solo quien toque,   ¿de ónde lo cogemos?
Responde un sancudo,   desde un lodazal:
16 —Síganse las bodas,   yo voy a tocar.
Ya nada nos falta,   todo lo tenemos.
18 Tan solo quien baile,   ¿de ónde lo cogemos?
Responde un chompipe,   desde su corral:
20 —Síganse las bodas,   yo voy a bailar.
Ya nada nos falta,   todo lo tenemos.
22 Tan solo quien hable,   ¿de ónde lo cogemos?
Responde un lorito,   de verde color:
24 —Síganse las bodas,   yo voy de orador.
Ya nada nos falta,   todo lo tenemos.
26 Solo una peineta,   ¿de ónde la cogemos?
Responde una chancha,   con tamaña horqueta:
28 —Síganse las bodas,   yo doy la peineta.
Había mucho pan,   había mucho vino.
30 Soltaron el gato   y se comió al padrino.

23b Versión de LIBERIA (Guanacaste), cantada por Adela Muñoz
Rovera, 82 años, el 4 de agosto de 1979.

El piojo y la pulga   se quieren casar.
2 Por falta de padrino,   no se casarán.

Y dijo un ratón,   que estaba escondido;
4 —Si amarran el gato,   yo sé del padrino.
Y hubo tanto pan,   y hubo tanto vino.
6 Que sueltan el gato   y se comió el padrino.

⁂

23c Versión de Liberia (Guanacaste), cantada por Luz Baltodano
Muñoz, 60 años, el 4 de agosto de 1979.

La pulga y el piojo   se quieren casar.
2 Por falta de padrino,   no se casarán.
Y dijo el ratón,   que estaba escondido;
4 —Amarran el gato,   yo sé del padrino.

⁂

23d Versión de Santa Cruz de Guanacaste (Guanacaste), cantada
por Apolinar Leal-Gómez, 59 años, el 21 de agosto de 1973.

El piojo y la pulga   se quieren casar.
2 Por falta de dinero,   no se casan ya.
—Yo caso de miado,   responde el cabrón,
4 que sigan las bodas,   que ahí voy a casar.
Ahora estamos bien;   todo lo tenemos.
6 Para un bailador,   ¿dónde cogeremos?
Responde el chompipe   y en su chompipal:
8 —Qué sigan las bodas,   que ahí voy a bailar.
Ahora estamos bien;   todo lo tenemos.
10 Para un cantador   ¿dónde cogeremos?
Responde el gallo   y en su gallinal:
12 —Qué sigan las bodas   que ahí voy a cantar.
Ahora estamos bien;   todo lo tenemos.
14 Ahora un corderito   ¿dónde cogeremos?
Responde el león,   por ser mas posado:
16 —Qué sigan las bodas,   que ahí llevo un venado.
Ahora estamos bien;   todo lo tenemos.
18 Para un repartidor,   ¿dónde cogeremos?
Responde el ratón   y en su ratonal:
20 —Si amarran el gato,   yo soy el padrino.
Ahora estamos bien;   todo lo tenemos.
22 Para un repartidor,   ¿dónde cogeremos?
Responde una piga   a medio parir:

24 —Se siguen las bodas,   yo voy a repartir.
Hubo mucho vino;   hubo mucho pan;
26 hubo mucho guaros...
Soltaron el gato   y se comió el padrino.

26 guaros = alcohol

❧

23e Versión de LAGUNILLA DE SANTA CRUZ (Guanacaste), cantada
por María Leal de Noguera, 83 años, el 21 de agosto de 1973.

La pulga y el piojo   se quieren casar.
2 Por falta de plata,   no se casarán.
Responde el retumbo,   abriendo el morral:
4 —Qué siga la boda,   yo les voy a dar.
La pulga y el piojo   se quieren casar.
6 Por falta de cura,   no se casarán.
Responde la rana,   desde su charcón:
8 —No tengan cuidado,   allí está cachimbón.
La pulga y el piojo   se quieren casar.
10 Por falta de padrino,   no se casarán.
Responden los grillos: —Eso no es ley.
12 Qué llamen al punto,   la reina y el rey.
La pulga y el piojo   casados están.
14 La luna de miel   ¿dónde la pasarán?
Responde una vaca,   llegando al corral:
16 —De eso no se apurren;   vayan al mojal.
La pulga y el piojo   parados están,
18 en la carretera   esperando el camión.
Responde el cusuco,   que fue quien los vio:
20 —No se apurren tanto,   ya viene el avión.
La pulga y el piojo   felices ya son.
22 Gracias a sus amigos,   el gran cachimbón;
gracias al retumbo,   que plata les dio,
24 también al avión,   que se los llevó.

❧

23f Versión de LAGUNILLA DE SANTA CRUZ (Guanacaste), cantada
por María Leal de Noguera, 83 años, el 21 de agosto de 1973.

La pulga y el piojo   se quieren casar.
2 Por falta de plata,   no se casarán.
Responde el zonchiche,   en el zonchichal:

4 —Qué siga la boda,   yo voy a pagar.
  La pulga y el piojo   se quieren casar.
6 Por falta de padrinos,   no se casarán.
  Responde el conejo,   en el conejal:
8 —Qué siga la boda,   yo voy a padrinar.
  La pulga y el piojo   se quieren casar.
10 Por falta de achiote,   no se casarán.
  Responde la guatuza,   en el guatuzal:
12 —Qué siga las boda,   yo voy a achiotar.
  La pulga y el piojo   se quieren casar.
14 Por falta de cenador,   no se casarán.
  Responde el chompipe   en el chompipal:
16 —Qué siga la boda   yo voy a cenar.

---

3 zonchiche es una especie local de zopilote
15 chompipe es un pavo

❧

23g Versión de Lagunilla de Santa Cruz (Guanacaste), cantada
   por María Leal de Noguera, 83 años, el 21 de agosto de 1973.

  La pulga y el piojo   se quieren casar.
2 Por falta de plata,   no se casarán.
  Responde el zonchiche,   en el zonchichal:
4 —Qué sigan las bodas,   yo voy a pagar.
  La pulga y el piojo   se quieren casar.
6 Por falta de cura,   no se casarán.
  Responde el zopilote,   en el zopilotal:
8 —Qué sigan las bodas,   yo los voy a casar.
  La pulga y el piojo   se quieren casar.
10 Por falta de padrinos,   no se casarán.
  Responde el chompipe   en el chompipal:
12 —Qué sigan las bodas,   yo voy a padrinar.

❧

23h Versión de Alajuela (Alajuela), cantada por Rosa Monge Argueras, 66 años, el 12 de julio de 1979.

  El piojo y la pulga   se quieren casar.
2 Por falta de dinero,   se van a quedar.
  Se ofrece el ratón
4 —Si quiere un señor, yo voy de padrino.

23i Versión de SANTA BARBARA (Heredia), cantada por Fidelis María
Jiménez, 74 años, el 24 de julio de 1979.

El piojo y la pulga   se quieren casar.
2 Por falta de un cura,   se van a quedar.
Ya sale un sapo,   hombre muy tallado:
4 —Hágase las bodas,...
Ya nada nos falta;   todo lo tenemos
6 una madrinita,   ¿de ónde cogeremos?
Ya sale una liendra,   de su pretina:
8 —Hágase la boda,   yo soy la madrina.
Ya nada nos falta;   todito tenemos.
10 Unas peinetitas,   ¿de ónde cogeremos?
Ya sale una chancha,   con su la horqueta:
12 —hágase las bodas,   yo doy las peinetas.
Ya nada no' falta;   todito tenemos,
14 una fiesterita,   ¿jde ónde cogeremos?
Ya viene una vaca,   con su gran testera,
16 —Hágase las bodas,   yo doy la fiesta.
Ya nada nos falta;   todito tenemos.
18 Un padrinito,   ¿de ónde cogeremos?
Ya sale un ratón,   de su torbellino;
20 —Amarren el gato,   yo soy el padrino.
Había mucho pan,   había mucho vino.
22 Se sortó el gato,   se 'sesenó al padrino.

---

11 su la [sic]
22 "asesinó"

23j Versión de ALAJUELITA (San José), cantada por Natalina Agüero
Castro, 80 años, el 14 de julio de 1979.

La pulga y el piojo   se quieren casar.
2 No les casaré porque no hay   quien les ve a bailar.
La pulga y el piojo   se quieren casar.
4 Responde una liendra,   desde su pretina:
—Háganse las bodas,   que yo vendría a bailar.
6 La pulga y el piojo   se quieren casar.
No los casaré   porque no hay quien ni vengan a repartir.
8 Responde una chancha   medio parir:
0—Háganle las bodas   que yo...

23k Versión de SANTA MARIA DE DOTA (San José), cantada por
María Chan Méndez, 87 años, el 15 de julio de 1979.

    El piojo y la pulga   se quieren casar.
2 Por falta de cura,   se quieren quedar.
    Salió un gato,   por ser de mal vestir:
4 —Si amarran el gato,   yo voy de padrino.
    Salió un sapo,   por ser más curioso

❧

23l Versión de SAN ISIDRO DE PURISCAL O BARBACOAS (San José),
cantada por Leticia Salazar Fonseca, 13 años, el 1 de agosto de
1979.

    El piojo y la pulga   se van a casar.
2 Por falta de plata,   se van a quedar.
    Lo tiro, lo tiro,   lo tiro liro liro.
4 Lo tiro, lo tiro,   lo tiro liro lá.

❧

23m Versión de QUEBRADILLA (Cartago), recitada por Ana Silán
Molina-Navarro, 13 años, el 15 de julio de 1975.

    La pulga y el piojo   se van a casar.
2 Invitan al mundo,   que vaya a bailar.
    La pulga ya salta,   de la alta pretina,
4 —Que sigan las bodas,   yo voy de madrina.

❧

23n Versión de ROBLES, LA PALMA (Puntarenas), cantada por Sidey
Mena Rojas, 20 años, el 14 de julio de 1979.

    El piojo y la pulga   se van a casar.
2 Pero no se casan,   por falta de maíz.
    Tiro lo liro,   tiro liro lán.

---

3 El estribillo se repite, después de los dos versos.

24. Mañana domingo
(33/   )

24a Versión de HEREDIA (Heredia), recitada por Emilia Prieto, 74
años, el 11 de julio de 1975.

Mañana domingo,   se casa Benito.
2 Se casa Benito,   con un pajarito.
¿Quién es el padrino?   Don Juan del Camino.
4 ¿Quién es la madrina?   Doña Catalina....

꙳

24b Versión de TRES RIOS (Cartago), cantada por María Leticia
Céspedes, 45 años, el 26 de agosto de 1973.

Mañana domingo,   se casa Benito.
2 Se casa Benito,   con un pajarito.
¿Quién es el padrino?   Don Juan del Camino.
4 ¿Quién es la madrina?   Doña Catalina.
¿Quién pone la fiesta?   Don Juan de la Cuesta.
6 ¿Quién lleva las flores?   Mi hermana Dolores.

25. Los Diez Perritos
(34/   )

25a Versión de Lagunilla de Santa Cruz (Guanacaste), cantada
por María Léal de Noguera, 83 años, el 21 de agosto de 1973.

Yo tenía diez perritos.
2 Uno le di a don Nieves;
No me quedan más que nueve
4 nueve, nueve, nueve, nueve.
Yo tenía nueve perritos.
6   Uno se tragó un bizcocho.
No me quedan más que ocho
8 ocho, ocho, ocho, ocho.
Yo tenía ocho perritos.
10 Uno se tragó un rosquete.
No me quedan más que siete
12 siete, siete...
Yo tenía siete perritos.
14 uno le mandé al rey.
No me quedan más que seis
16 seis, seis...
Yo tenía seis perritos.
18 uno se murió de un brinco.
No me quedan más que cinco
20 cinco, cinco...
Yo tenía cinco perritos.
22 Uno se llevó Torcuato.
No me quedan más que cuatro
24 cuatro, cuatro...
Yo tenía cuatro perritos.
26   Uno le di a don Andrés.
No me quedan más que tres,
28 tres, tres,...
Yo tenía tres perritos.
30 Uno murió de tos.
No me quedan más que dos,
32 dos, dos...
Yo tenía dos perritos.
34 Uno le di a don Bruno.
No me quedan más que uno,
36 uno, uno...
Yo tenía solo un perro.

38 Se me fue para aquel cerro.
   Y no me queda ningún perro.

❧

25b Versión de TRES RÍOS (Cartago), cantada por María Leticia
    Céspedes, 45 años, el 26 de agosto de 1973.

   Estos eran diez negritos.
 2 Uno se cayó en la nieve.
   Ya no quedan más que nueve,
 4 nueve, nueve,...
   De los nueve que quedaban,
 6 a uno lo envistió un buen mocho.
   Ya no quedan más que ocho,
 8 ocho, ocho...
   De los ocho que quedaban,
10 se derritió Bonete.
   Ya no quedan más que siete,
12 siete, siete...
   De los siete que quedaban,
14 se desmayó Juan José.
   Ya no quedan más que seis,
16 seis, seis...
   De los seis que nos quedaban,
18 uno se pegó un gran brinco.
   Ya no quedan más que cinco,
20 cinco, cinco...
   De los cinco que quedaban,
22 uno se fue para el teátro.
   Ya no quedan más que cuatro,
24 cuatro, cuatro...
   De los cuatro que quedaban,
26 se desmayo Juan Andrés.
   Ya no quedan más que tres,
28 tres, tres...
   De los tres que quedaban,
30 se desmayó Juan de Dios.
   Ya no quedan más que dos,
32 dos, dos...
   Al negrito que quedaba,
34 uno llevó don Bruno.
   No me queda más que uno,
36 uno, uno...

25c Versión de COT (Cartago), recitada por María Granados, 22 años, el 21 de agosto de 1973.

    Yo tenía diez perritos.
2 Uno se cayó en la nieve.
    No me quedan más que nueve.
4 De los nueve que quedaban;
    uno se aturó un bizcocho;
6 no me quedan más que ocho.
    De los ocho que quedaban,
8 uno se subió al bufete;
    No me quedan más que siete.
10 De los siete que quedaban,
    uno se lo di al rey;
12 no me quedan más que seis.
    De los seis que quedaron,
14 uno se mató de un brinco;
    No me quedan más que cinco.
16 De los cinco que quedaron,
    uno se perdió en el teatro;
18 no me quedan más que cuatro.
    De los cuatro que quedaban,
20 uno se lo di a Andrés;
    uno se murió de tos;
22 no me quedan más que dos.
    De los dos que me quedaban,
24 uno se lo di a Bruno;
    No me queda más que uno.
26 Y el uno que quedaba,
    un día se marcha al campo;
28 y no me queda nada;
    nada de los diez perritos
30 que yo tenía.

3a aturó- [sic]; del verbo aturrugar

🌿

25d Versión de CARTAGO (Cartago), cantada por Donelia Mora, 16 años, el 21 de agosto de 1973.

    Yo tenía diez perritos.
2 Uno se perdió en la nieve.

Nada más me quedan nueve, nueve.
4 Otro se comió un bizcocho;
nada más me quedan ocho, ocho.
6 De los ocho que vivían,
uno comió un rosquete;
8 que nada mas me quedan siete.
De los siete que vivían,
10 uno se comió un boquey;
nada más me quedan sei, sei.
12 De los seis supervivientes,
uno se mató en un brinco;
14 nada más me quedan, cinco, cinco.
De los cinco que vivían....

---

10 boquey es un ramo de flores

Transcripciones
musicales

1c. ¿Por qué no cantáis la bella? (a lo divino)

* Entre estas dos indicaciones (*), varía la canción a causa de la nerviosidad del informante. Lo que sigue es la transcripción literal del informante, que se desvía por arriba una segunda mayor de la transcripción.

2c. La fe del ciego

3a. Delgadina

3b. Delgadina

3c. Delgadina

3f. Delgadina

4a. Blancaflor y Filomena

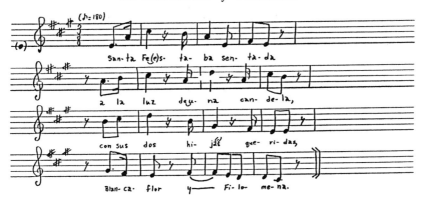

5a. Bernal Francés

5b. Bernal Francés

5m. Bernal Francés

5o. Bernal Francés

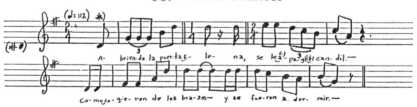

* A causa de las dificultades métricas en los primeros cuatro versos de esta canción, se ha decidido empezar la transcripción con el quinto verso.

5p. Bernal Francés

6a. La vuelta del marido

Qué bo- ni- to el sol- da- di- to pa- ra- di- to en el cuar- tel

Con su fu- si- li- to al hom- bro es- pe- ran- do al co- ro- nel.

6d. La vuelta del marido

Qué bo- ni- to el sol- da- di- to pa- ra- di- to en el cuar- tel,

Con su fu- si- li- to al hom- bro, es- pe- ran- do al co- ro- nel.

6f. La vuelta del marido

Po- bre- ci- to el sol- da- di- to pa- ra- di- to en el cuar- tel

con su ri- fli- ci- to al hom- bro es- pe- ran- do al co- ro- nel.

6i. La vuelta del marido

Qué bo- ni- to el sol- da- di- to, pa- ra- di- to en el cuar- tel

con su fu- si- li- to al hom- bro es- pe- ran- do el co- ro- nel.

6k. La vuelta del marido

Qué bo- ni- to el sol- da- di- to- pa- ra- di- to en el cuar- tel

con su ri- fli- ci- to al hom- bro- es- pe- ran- do al co- ro- nel.

9a. Alfonso Doce

10a. Escogiendo novia

12i. No me entierren en sagrado (El torito)

15n. Hermano infame (incestuoso)

15v. Hermano infame (incestuoso)

16e. El barquero

16f. El barquero

16j. El barquero

16n. El barquero

17. Mambrú

18. A Atocha va la niña

19. Santa Catalina

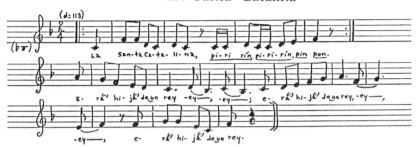

20h. La Pastora

21. Doña Ana

22. Arullos

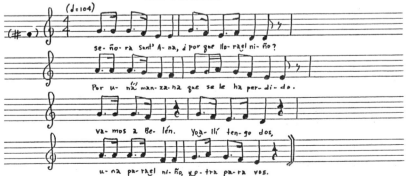

23a. El piojo y la pulga

23c. El piojo y la pulga

23i. El piojo y la pulga

24. Mañana domingo

Ma- ña- na, do- min- go se ca- sa Be- ni- to.

Se ca- só Be- ni- to con un pa- ja- ri- to.

¿Quién es el pa- dri- no? Don Juan del Ca- mi- no.
¿Quién es la ma- dri- na? Do- ña Ca- ta- li- na.

¿Quién po- ne la fies- ta? Don Juan de la Cuen- ta.

¿Quién lle- va las flo- res? Mi her- ma- na Do- lo- res.

Bibliografía General

Armistead, Samuel G. et al. *El romancero judeo-español en el Archivo Menéndez Pidal*, 3 vols. Madrid, 1979.

──────. "The *Romancero* in Spanish America: Priorities and Perspectives," *Romance Philology*, en preparación.

Avalle-Arce, Juan Bautista. *Temas hispánicos medievales*. Madrid, 1974, pp. 135-232.

Avenary, Hanoch, "Cantos españoles antiguos mencionados en la literatura hebrea," *Anuario Musical*, 25 (1971), pp. 67-79.

Bénichou, Paul, "La Belle qui ne saurait chanter," *Revue de littérature comparée*, 28 (1954), pp. 257-81.

──────. *El romancero judeo-español de Marruecos*. Madrid, 1968.

Beutler, Gisela. *Estudios sobre el romancero español en Colombia*. Bogotá, 1977; edición alemana: Heidelberg, 1969.

Colección de bailes típicos de la provincia de Guanacaste. San José: Secretaría de Educación, 1929.

Cossío, José María de y Tomás Maza Solano. *Romancero popular de la Montaña*, 2 vols. Santander, 1933-34.

Fernández, Madeleine, "Romances from the Mexican Tradition of Southern California," *Folklore Américas*, 26 (1966), pp. 35-45.

Ferrero Acosta, Luis. *Literatura infantil costarricense*. San José: Ministerio de Educación Pública, 1958.

──────. "La poesía folklórica costarricense"; en *Textos de lecturas y comentarios para primer año de enseñanza media*, ed. Mario Fernández Lobo y Alvaro Porras Ledezma. San José: Trejos, 1964.

──────. *36 Juegos folklóricos*. San José: Ministerio de Educación, 1958.

Fonseca, Julio, "Referencias sobre música costarricense," *Revista de estudios musicales*, 1 (1950), pp. 75-97.

Gamboa, Emma. *Canciones populares para niños*. San José: Lehmann, 1941.

──────. *Versos para niños*. San José: Lehmann, 1941.

Garrido de Boggs, Edna. *Folklore infantil de Santo Domingo*. Madrid, 1955.

Levy, Isaac. *Chants judeo-espagnols*, II. Jerusalén, 1970.

Lo que se canta en Costa Rica. San José: Nacional, 1933; novena edición aumentada y corregida por J. Daniel Zúñiga. San José: Universal, 1970.

Mejía Sánchez, Ernesto, "Romances y corridos nicaragüenses," *Anuario de la Sociedad Folklórica de México*, 5 (1944).

Meléndez Chacón, Carlos, "Liberia: la ciudad de las pampas guanacastecas," *Ande, 1 (1964), y republicado en 4 (1968)*, pp. 30-75.

Monge de Castro, María Eugenia, "Romances populares recogidos por María Monge de Castro," *Educación* (San José), 4 (1958), p. 78.

Monge O., María Eugenia. *El romance en Costa Rica.* Tesis para la incorporación a la Facultad de Letras y Filosofía de la Universidad de Costa Rica, 1946.

Núñez, Evangelina de. *Costa Rica y su folklore.* San José: Imprenta Nacional, 1956.

Prado Quesada, Alcides, ed. *Costa Rica: su música típica y sus autores.* San José: Lehmann, 1962.

Prieto Tugores, Emilia. *Romanzas ticomeseteñas.* San José: Ministerio de Cultura, 1978.

——————. "Tonadas campesinas en los llanos centrales de Costa Rica," *Artes y Letras* (1970), pp. 3-23.

Rení, Aníbal. *Recados criollos: folklore costarricense.* San José: Editorial Tecolotl, 1944.

Rodríguez Marín, Francisco. *Cantos populares españoles,* 5 vols. Madrid [1951].

Romero de Valle, Emilia, "Juegos infantiles tradicionales en el Perú," *25 Estudios de Folklore* (Homenaje a Vicente T. Mendoza y Virginia Rodríguez Rivera), México, 1971.

Salas, Rafael. *Un libro de juegos.* San José: Alsina, 1929.

Sánchez, José Manuel, "Versos folklóricos de la Meseta Central," *Repertorio Americano,* 28 (1948).

Schindler, Kurt. *Folk Music and Poetry of Spain and Portugal.* New York, 1941.

Umaña, Salvador, "Del folklore costarricense: trozos de un Cancionero nacional de cuna que se está recogiendo," *Repertorio Americano,* 2 (1921), pp. 196-97; 303-304.

Vargas Calvo, José Joaquín. *Cantos escolares.* San José y París: Henry Lemoine, 1907.

Vasconcelos, José Leite de. *Romanceiro Português,* 2 vols. Coimbra, 1958, 1960. 1960.

Zúñiga, Zacarías. *Juegos escolares.* San José: Lehmann, 1915.

Lista de informantes

Agüero Castro, Natalina, 80, Alajuelita (San José), 14/7/79, 5k, 12n, 23j.

Aguilar Guerrero, Petronila, 76, Villa Colón (San José), 20/7/79, 5j, 9b, 12-l, 15k, 16v.

Aguilera, Teresa, 53 Quebradilla (Cartago), 15/7/75, 6n, 5q.

Alejandre Sáenz, Gabriela, 10, Cartago (Cartago), 20/7/79, 6p, 18-o, 19g, 21i.

Alfaro Araya, Olivio, 54, Naranja de Palmares (Alajuela), 12/7/79, 15d, 16k.

Alvarado, Alice, 35, Tobosi (Cartago), 10/7/79, 16cc.

Arce Loiza, José Martín, 50, Agua Caliente (Cartago), 15/7/75, 5s, 6r, 7a, 13a, 15u, 16bb.

Arias de Soto, María de los Angeles, 45, San Joaquín de Flores (Heredia), 24/7/79, 1a, 12i, 14a, 15h, 16p, 18e, 22a, 22b, 22c.

Asilo de la Vejez de Cartago, ancianas de Cartago (Cartago), 13/7/79, 16ii, 16nn.

Baldi Oceda, Lucila, 56, Liberia (Guanacaste), 4/8/79, 12c, 16a.

Baltodano Muñz, Danilo, 43, Liberia (Guanacaste), 4/8/79, 12a, 15a, 16e, 20c.

Baltodano Muñoz, Dennis, 49, Liberia (Guanacaste), 4/8/79, 6a, 12a.

Baltodano Muñoz, Luz, 60, Liberia (Guanacaste), 4/8/79, 12c, 16b, 23c.

Benegas Salazar, Emma, 64, Puriscal (San José), 13/7/79, 1c, 1d, 3c, 6i, 15i, 16q, 20h.

Bolívar de Chacón, Simón, 40, Cartago (Cartago), 25/8/73, 17h, 17i, 18n, 21h.

Brenes de Flores, Celina, 57, Quebradilla (Cartago), 15/7/75, 16ee.

Brenés Gómez, Teófilo, 45, Coliblanco (Cartago), 25/7/79, 3f, 15t.

Brenes Palma, Mayela, 32, San José (San José), 27/7/79, 1e, 11c.

Bustamante Mata, Nereida, 30, Villa Colón (San José), 20/7/79, 21e.

Calderón Valverde, María, 44, Puriscal (San José), 1/8/79, 6j, 15-l, 16s.

Campo Segura, Mercedes, 8, Cartago (Cartago), 16/7/75, 18p, 20i.

Campos Guevara, Flora, 56, Cartago (Cartago), 16/7/75, 9h, 12s.

Castro Mora, Julia, 73, Ococa de Acosta (San José), 14/7/79, 5e, 5f, 15q, 16y.

Céspedes, María Leticia, 45, Tres Ríos (Cartago), 26/8/73, 24b, 25b.

Colegio de San Luis Gonzaga, alumna de, 13, 8/73, 1a.

Corrales Chinchilla, Zeneida, 44, Cantón de Mora (San José), 1/8/79, 3b.

Cruz de Montero, Leda María, 34, Cartago (Cartago), 14/7/75, 2g, 17j, 18j.

Cruz Mena, Gonzalo, 60, Cartago (Cartago), 15/8/73, 5p, 9d, 16mm.

Cruz Sáenz, Jorge Alberto, 21, Cartago (Cartago), 15/8/73, 9e, 11e, 12q, 12t, 17g, 18i, 18k, 19d, 19e.

Chan Méndez, María, 87, Santa María de Dota (San José), 15/7/79, 23k.

Chavarría, Juan Marías, 74, Palmares Centro (Alajuela), 12/7/79, 15c.

Chávez Bega, Nuria, 27, Alajuela (Alajuela), 14/7/79, 6f, 15e, 16-l.

Espía, María Leticia de, 65, Tres Ríos (Cartago), 26/8/73, 16z, 22e.

Fernández Mora, Isidro, 72, Liberia (Guanacaste), 4/8/79, 12c.

Fonseca de Céspedes, Leticia, 85, Tres Ríos (Cartago), 26/8/73, 20f.

García Quirós, Alejandro, 48, Villa Colón (San José), 19/7/79, 12k, 15j, 16w.

Gómez Fallas, Blanca, 23, San Isidro o Barbacoas de Puriscal (San José), 1/8/79, 6-l.

González, María de, 49, Llano Grande (Cartago), 18/7/75, 15s, 22f.

González Penaranda, Virgita, 45, San Pedro de Bárbara (Heredia), 24/7/79, 6h, 16-o, 18d, 20-l.

Granados, María, 22, Cot (Cartago), 23/8/73, 1b, 2f, 8a, 10b, 12-o, 14b, 17f, 18h, 20e, 25c.

Guevara de Cibaja, Zeide, 43, Liberia (Guanacaste), 4/8/79, 16d, 18a, 23a.

Gutiérrez Alvarado, Xinia, 14, Cartago (Cartago), 7/79, 16kk.

Harley de Cruz, Marjorie, 42, Heredia (Heredia), 8/8/79, 2b.

Jaen Espinosa, Leonor, 13, Santa Cruz de Guanacaste (Guanacaste), 12/8/73, 19a.

Jesús Jiménez, Escuela de, alumnos, 5, Cartago (Cartago), 26/7/79, 18m.

Jiménez, Fidelis María, 74, Santa Bárbara (Heredia), 24/7/79, 5e, 6g, 9a, 15g, 16n, 20m, 23i.

Jiménez, Librada, 77, San Paraditos de Puriscal (San José), 1/8/79, 5g.

Jiménez Rojas, José Alberto, 39, Villa Colón (San José), 19/7/79, 15j.

Leal de Noguera, María, 83, Lagunilla de Santa Cruz (Guanacaste), 21/8/73, 5b, 12g, 18b, 20d, 23e, 23f, 23g, 25a.

Leal Gómez, Adela, 40, Santa Cruz de Guanacaste (Guanacaste), 21/8/73, 12-l, 17a.

Leal Gómez, Apolinar (Polín), 59, Santa Cruz de Guanacaste (Guanacaste), 21/8/73, 23d.

Leiba, Donatila, 55, Lagunilla de Santa Cruz (Guanacaste), 5/8/79, 12c.

León, Julio, 76, Santa María de Dota (San José), 15/7/79, 5-l, 15p.

Lobo Arias, María Cristina, 60, Santa Ana (San José), 23/7/79, 12m, 16u.

Lobo de Guerrero, Lía, 58, Colima de Tibás (San José), 19/7/79, 9c, 17c.

Llanto, María de los Angeles de, 35, Cartago (Cartago), 15/7/75, 16jj.

Madrigal Rodríguez, Juan, 70, San Ramón (Alajuela), 14/7/79, 16i.

Mena Rojas, Sidey, 20, Robles, La Palma (Puntarenas), 14/7/79, 1c, 18q, 23n.

Mena Villalta, Juan Carlos, 12 Cartago (Cartago), 15/7/75, 19f.

Molina Navarro, Ana Silán, 13, Quebradilla (Cartago), 15/7/75, 3e, 16dd, 22g, 23m.

Monge Argueras, Rosa, 66, Alajuela (Alajuela), 12/7/79, 12h, 15f, 16m, 23h.

Montiel, Trinidad, 48, Liberia (Guanacaste), 5/8/79, 3a, 4a, 5a, 16f.

Mora, Adelina, 75, Potrerillo de Montefrío (San José), 1/8/79, 3d, 5h.

Mora, Donelia, 16, Cartago (Cartago), 21/8/73, 25d.

Mora, Tito, 76, San Pablo de Tarrazú (San José), 14/7/79, 5d, 11b, 12j, 16x.

Mora Agüero de Calderón, Elia, 68, San Rafael de Cartago (Cartago), 21/7/79, 6m, 15r, 16ff.

Mora Castillo, Egidio, 47, San Isidro de Puriscal o Barbacoas (San José), 1/8/79, 15n.

Mora Montenegro, Edgar, 28, Coliblanco (Cartago), 23/8/73, 5r, 15w.

Morales de Brenes, María Luisa, 63, Liberia (Guanacaste), 5/8/79, 12b.

Muñoz Rovera, Adela, 82, Liberia (Guanacaste), 4/8/79, 6b, 16c, 20a, 23b.

Navarro Aguilera, Luz Melina, 33, Quebradilla (Cartago), 15/7/75, 2j, 6-o, 15v.

Navarro Ramírez, Grace María, 13, Santa María de Dota (San José), 15/7/79, 18f, 21f.

Porras Valverde, Zeneida, 38, Puriscal (San José), 1/8/79, 15m.

Prieto Tugores, Emilia, 73, Cartago (Cartago), 11/7/75, 5-o, 9g, 16-ll, 20k, 24a.

Quirós Fallas, Rafael, 59, Piedades, Barbaocas (San José), 1/8/79, 15-o.

Ramírez Freer, Katia, 10, San Ramón (Alajuela), 12/7/79, 18c.

Ramírez Salas, Thaïs, 17, San Ramón (Alajuela), 12/7/79, 17b.

Rojas Villegas, Crisante Jiménez (Chanti), 69, Santa Ana (San José), 19/7/79, 5i, 16t, 21d.

Rosales de Brenes, Lidia, 55, Santa Cruz (Guanacaste), 21/8/73, 6d, 12f, 16h.

Ruíz de Cañas, Matilde, 88, Liberia (Guanacaste), 4/8/79, 20b, 21a.

Sáenz de Cruz, Jenny, 59, Cartago (Cartago), 17/7/75, 2i, 9i, 15x, 16gg, 22h.

Salazar, Angela, 45, San Ramón (Alajuela), 12/7/79, 16j.

Salazar Fonseca, Leticia, 13, San Isidro de Puriscal o Barbacoas (San José), 1/8/79, 6k, 10a, 16r, 17d, 18g, 22d, 23-l.

Silva Benavides, Katty, 12, Villa Colón (San José), 20/7/79, 19c.

Solano de Guevara, Francisca, 54, Cartago (Cartago), 16/7/79, 6q, 11d, 12r, 16hh, 17-l, 18-l, 20g.

Solano Rivera, Xiomara Giselle, 11, Cartago (Cartago), 13/7/79, 2h.

Soto Arias, María Nela, 5, San Joaquín de Flores (Heredia), 24/7/79, 11a, 21c.

Trejos, Gloria, 62, San Nicolas de Cartago (Cartago), 13/7/79, 5t, 12p, 16aa.

Trejos Solano, Juan de Dios, 65, Cartago (Cartago), 26/8/73, 9f.

Valerín Acevedo, Celina, 75, Cartago (Cartago), 17/7/79, 17k, 20j.

Vargas Fallas, Lucrecia, 26, San Isidro de el General (San José), 14/7/79, 17e, 21g.

Vásquez Chávez, Marta, 50, Santa Cruz (Guanacaste), 21/8/73, 6c, 12d, 15b, 16g, 21b.

Villalobo González, Pablo, 12, Santa Bárbara (Heredia), 24/7/79, 19b.

Villalta, Marco Antonio, 10, Cartago (Cartago), 15/7/75, 19f.

Villalta Bonilla, María Eugenia, 14, Cartago (Cartago), 15/7/75, 19f.

Villalta Bonilla, Rodrigo Alberto, 11, Cartago (Cartago), 15/7/75, 19f.

Villalta Madrigal, Alejandro, 8, Cartago (Cartago), 15/7/75, 19f.

Villalta Madrigal, Lionel, 10, Cartago (Cartago), 15/7/75, 19f.

Villalta Villalta, María, 13, Dulce Nombre de Cartago (Cartago), 15/7/75, 6s.

Índice de primeros versos

Índice de títulos

Índice de músicas

Fotografías de los informantes

Guanacaste

1. Marta Vásquez Chávez,
Santa Cruz 1973

2. María Leal de Noguera,
Lagunilla de Santa Cruz, 1973

3. Donatila Leiba,
Liberia 1979

4. María Luisa Morales de Brenes,
Liberia 1979

5. Lucila Baldi Oceda, Luz Baltodano Muñoz,
Isidro Fernández Mora,
Liberia 1979. Profesores de música pensionados.

6. Adela Muñoz Rovera,
Liberia 1979

7. Zeide Guevara de Cibaja, Liberia 1979.
Cantó una versión muy amplia del
Piojo y la Pulga.

8. Dennis Baltodano Muñoz y
Danilo Baltodano Muñoz,
Liberia 1979. Hermanos;
profesionales y aficionados
del folklore regional. Danilo toca
la guitarra muy diestramente.

9. Trinidad Montiel, Liberia 1979.
Tragó una botella de miel antes
de cantar, y cantó versiones muy buenas
de *Delgadina, Blancaflor y Filomena* y
Bernal Francés.

Alajuela

10. Katia Ramírez Freer,
San Ramón 1979

11. Rosa Monge Argueras
y Juan Marías Chavarría,
Palmares 1979

Heredia

12. Fidelis María Jiménez,
Santa Bárbara 1979.
Cantó una versión completa
de *Alfonso XII*.

13. Virgita González Penaranda,
esposo (con guitarra) e hijo,
Pablo Villalobo González,
Santa Bárbara 1979

14. María Nela Soto Arias,
San Joaquín de Flores 1979.
Una niñita de cinco años con
una memoria formidable.

15. María de los Angeles Arias de Soto,
San Joaquín de Flores, 1979.
Tiene un buen repertorio de
canciones infantiles.

San José

17. Emma Benegas Salazar,
Puriscal 1979. Cantadora exelente
que me dió versos completas y claras.

16. Natalina Aguero Castro,
Alajuelita 1979

19. Blanca Gómez Fallas,
Barbacoas (San Isidro) 1979

18. Zeneida Corrales Chinchilla,
Puriscal 1979. Su versión de *Delgadina*
es muy completa.

20. Leticia Salazar Fonseca,
Barbacoas 1979

21. Juan Madrigal Rodríguez (con guitarra),
nacido en San Ramón. Reside en
San Isidro de el General, 1979

Cartago

23. Aníbal Quesada,
Coliblanco 1973

22. Edgar Mora Montenegro
y Jorge Guillén Abarca,
Coliblanco 1973.
Cantaron una primera versión
de *Bernal Francés*.

24. Edgar Mora Montenegro
y Aníbal Quesada,
Coliblanco 1973

25. Simón Bolívar de Chacón Madriz,
Coliblanco 1973.
Llevó un órgano a la
iglesia de la finca
para acompañamiento.

26. Emilia Prieto Tugores,
Cartago, 1975

27. Sebastian Schiavone,
Gonzalo Cruz-Mena,
Jenny Sáenz de Cruz y
Rose Greco de Schiavone,
Cartago 1973. Padres y suegros
muy queridos quienes me llevaron
recopilando romances a todas partes.
Aquí están al lado del Volcán Irazú.

28. Flora Campos Guevara,
Mercedes Campos Segura,
Irma Guevara de Campos,
Cartago 1975

30. Gabriela Alejandre Sáenz,
Cartago 1979

29. Leda María Cruz de Montero
e Ingrid Montero Cruz,
Cartago 1973

32. Francisca Solano de Guevara,
Cartago 1979

31. Jorge Cruz-Sáenz,
Cartago 1975.
Muy aficionado del romancero;
se dedicó a aprender cada versión
al oírla de las cintas.

33. Xiomara Giselle Solano Rivera
Cartago 1979

34. Luz Melina Navarro Aguilera,
Quebradilla 1975. Me cantó
la primera versión de
Delgadina que recogí.

35. Ana Silán Molina Navarro
y Teresa Aguilera,
Quebradilla 1975.

36. María González
Llano Grande 1975